KB265900

출판 회계 · 세무 실전 가이드

출판 회계·세무 실전 가이드

장부 작성의 기본 원리부터
제작·유통·인세처리와
절세 전략까지

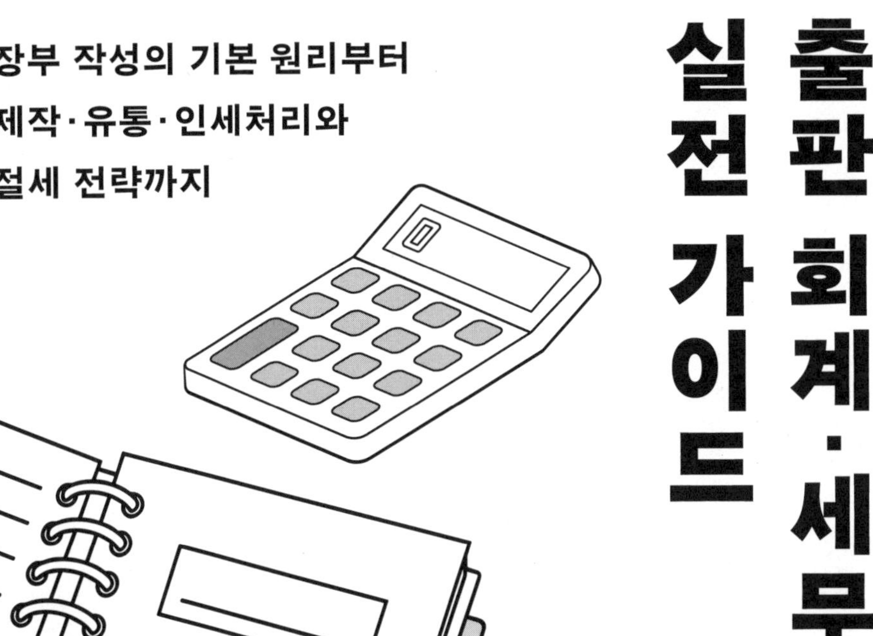

유종오 지음

출판에서 회계와 세무란?

출판은 단순히 책을 만드는 일이 아니다. 한 권의 책이 세상에 나오기까지, 곧 사회에 필요한 도서를 기획하고 저자를 섭외하고, 원고 교정과 디자인, 인쇄·제본(또는 전자적 방식)을 거쳐 온·오프라인 서점에 공급하기까지 수많은 절차와 의사결정을 해야 한다. 출판인은 그 모든 과정을 기획하고 지휘하는 사람이다. 출판이 다루는 분야는 우주·자연·생명·인간·사회·학문·예술 등 제한이 없다. 독자가 관심을 가진다면 어떤 주제든 책이 될 수 있다. 따라서 출판인은 '종합 기획자'라 할 수 있다.

그런데 이와 같은 출판 현장에서 가장 덜 이야기되는 문제, 하지만 자주 부딪히는 문제가 바로 회계와 세무가 아닐까?

출판인은 기획자로서의 활동과 사업자로서의 경영 사이를 끊임없이 오간다. 한편으로는 저자와 함께 원고의 방향과 내용, 편집·디자인을 얘기하고, 다른 한편으로는 인세 계약, 종이·인쇄·제본·유통 과정에서 발생하는 숫자를 두고 계산기를 두드린다. 바로 회계와 세무의 영역이다. 아무리 훌륭한 책을 만들어도 경영적 기반이 뒷받침되지 않으면 출판업을 지속할 수 없다. 따라서 회계와 세무는 단순히 '경리부서의 일'이 아니라, 경영의 언어이자 의사결정의 나침반이 된다.

그럼에도 많은 출판인은 책의 기획, 저자 섭외, 편집·디자인에는 열정을 쏟으면서도 회계와 세무는 외부에 맡기면 된다고 생각한다. 이런 이유 중 하나는 출판업에 맞는 회계·세무 가이드북이 없는 현실이 자리하고 있다.

기존 회계·세무 전문서들은 제조업, 도소매업 등 일반 업종을 기준으로 하고, 출판업의 특수성은 반영되어 있지 않다. 예컨대 인세나 전자책, 베스트셀러 또는 기획 실패로 인한 재고 부담, 제작비 손실이나 도서의 폐기, 국내외 저작권 수입 및 수출 등 출판업에서 발생하는 고유한 쟁점들은 다루지 않는다.

이 책은 필자의 출판사 경영 경험과 공인회계사·세무사로서 출판사 세무대리 경험을 결합한 결과물이다. 그동안 겪은 '출판 현장의 회계와 세무 문제와 해결방안'을 모든 출판인이 공유할 수 있도록 나름대로 집필에 최선을 다했다. 출판사 장부 작성의 기본 원리부터 재무제표(결산서) 읽는 법, 인세와 원고료의 회계와 세무 처리, 원천세 신고, 부가가치세와 종합소득세와 법인세 이해, 그리고 세무조사 및 절세 방법까지, 출판인이 실무에서 부딪히는 회계·세무 문제를 쉽고 명확하게 설명하고자 했다.

특히 다음과 같은 두 부류의 독자를 염두에 두고 집필했다.

- 현직 출판인: 회계와 세무를 외주에만 의존하지 않고 주요 개념을 이해해 스스로 관리할 역량을 갖추려는 분들
- 예비 출판인: 창업 초기 사업계획 수립, 법인 설립 여부 결정, 또

출판 회계·세무 실전 가이드

는 출판업 비즈니스 모델을 알고자 하는 분들

이 책을 통해 출판인은 다음과 같은 역량을 갖추게 될 것이다.

- 출판업의 특성과 회계의 기본 원리, 결산서 이해
- 저작권 등 출판업의 고유한 회계와 세무 이슈 이해
- 부가가치세, 원천세, 소득세 및 법인세의 흐름 이해
- 절세 요령과 세무조사 대비
- 세무대리인과의 원활한 소통 능력 확보

회계와 세무는 겉으로는 숫자의 나열이지만, 그 안에는 분명한 이야기가 담겨 있다. 책을 만들고 독자에게 전달하기까지 기획, 제작, 유통의 여정은 결국 회계장부와 세무신고에 기록된다. 그것은 단순한 숫자가 아니라, 출판인이 고심하고 내린 선택과 판단, 성공과 실패의 기록이다.

이 책을 통해 회계와 세무를 경영의 도구로 삼아 더 알찬 출판 경영을 해나가시길 바란다.

마지막으로 바쁜 시간 쪼개어 이 원고에 대한 코멘트를 해주신 김연우 회계사께 이 자리를 빌려 감사드린다.

목차

제1장

출판업, 제대로 알고 시작하자

1. 출판업은 제조업인가, 정보통신업인가? … 15

출판업의 이중적 성격 | 출판업의 제조업 특성 | 출판업 연관 산업 | 출판업 분류와 세무·회계

2. 출판업을 지원하는 세법은? … 20

정보통신업 또는 출판업이 받는 세금 혜택 | 부가가치세 면세업종으로서의 출판업 | 출판업을 지원하는 출판문화산업진흥법

3. 출판 비즈니스와 주요 회계 쟁점 … 26

출판업 비즈니스 흐름과 회계 이슈 | 반품조건부 판매약정과 문제점 | 외상매출금 회수의 중요성 | 도서 형태별 수익구조 비교 | 출판사 수익모델 다변화 | 출판업의 비용구조와 재무적 특성

4. 출판업의 재무 평가, 어떻게 할까? … 36

수익건전성 비율 | 기타 재무비율 평가 항목

출판인이 꼭 알아둬야 할 세무 이슈

제5장

출판사의 세금, 한걸음 더 들어가보자

제1장

출판업, 제대로 알고 시작하자

1

출판업은 제조업인가,
정보통신업인가?

출판업의 이중적 성격

출판업은 2008년부터 한국표준산업분류KSIC상 제조업에서 정보통신업으로 변경되었다.

과거에는 출판업을 책이라는 물성의 제작에 초점을 맞추어 제조업으로 보았고, 이에 따라 회계와 세법도 제조업 기준을 적용했다.

그러나 출판의 본질은 단순한 물성(책) 제작이 아니다. 콘텐츠의 기획·생산·편집·디자인을 통해 가치를 창출하고, 책이라는 매체를 통해 독자에게 이를 전달하는 과정이다. 출판업이 영상·방송통신·정보서비스업과 함께 정보통신업Information & Communication이라는 산업 대분류로 통합된 이유라고 할 수 있다.

한국표준산업분류에 따르면 출판업은 일반 서적(학습서, 소설, 수필, 만화 등), 정기간행물(신문, 주간지, 월간지, 연보 등), 소프트웨어의 출판

활동을 포함한다. 이는 자사가 직접 창작한 저작물뿐 아니라, 외부 저작물을 계약하거나 구매해 출판하는 경우도 포함된다.

오늘날 출판은 전통적 인쇄·제본을 통한 종이책 중심의 판매활동을 넘어 전자책, 오디오북, 디지털 플랫폼, 데이터 기반 유통, 멀티미디어 콘텐츠 활용 등으로 확장되고 있다. 또한 AI 시대의 도래와 함께 출판업도 큰 영향을 받고 있으며, 또 다른 산업으로 변화·확장될 수도 있으리라 생각한다.

한편 출판문화산업진흥법은 출판업을 "저작물을 종이나 전자적 매체에 실어 편집·복제하여 간행물을 발행하는 행위"로 정의한다. 여기서 간행물이란 저자, 발행인, 발행일 등 법령이 정한 사항을 표시하고, 종이나 전자적 매체를 통해 읽거나 보거나 들을 수 있는 것을 의미한다.

출판업의 제조업 특성

하지만 출판업은 한국표준산업분류에도 불구하고 비즈니스 흐름상 제조업에 해당되기도 한다. 출판업의 본질이 정보, 곧 콘텐츠 창작이고, 표준산업분류상 정보통신업에 속함에도, 사업 흐름이 다음과 같은 조건을 갖춘다면 제조업 분류도 가능하다.

곧 자기가 특정 제품(도서 등)을 직접 제조하지 않고, 다른 제조업체(인쇄·제본업 등)에 의뢰하여 그 제품을 제조하게 하고, 이를 인수하여 판매하는 경우로, 다음 4가지 조건이 모두 충족되면 제조업으로 분류한다.[*]

---

[*] 한국표준산업분류(2024)의 C.제조업 3. 타산업과의 관계, 자항(177쪽)

    출판 회계·세무 실전 가이드

① 생산할 제품을 직접 기획(성능 및 기능 수준, 고안 및 디자인, 원재료 구성 설계, 견본 제작 등) 하고

② 자기계정으로 구입한 원재료를 계약 사업체에 제공(원재료 명세서를 제공하고 그 비용을 자기계정으로 부담하는 경우 포함)하여

③ 그 제품을 자기명의로 제조하게 하고

④ 이를 인수하여 자기책임 아래 직접 시장에 판매하는 경우

위 조건 중 현행 출판업 관행상 두번째인 원재료(종이, 잉크 등) 구입 제공에서 다툼의 여지가 있긴 하지만 도서제조 관련 원재료를 출판사가 직접 부담한다면 제조업으로 분류할 수 있다는 뜻이다.

이처럼 출판은 큰 산업분류상으로는 정보통신업에 속하지만, 그 속성으로 보면 제조업에 속하기도 하는 이중적 성격을 갖는다. 이러한 출판업의 제조업 특성이 세무상 도움이 될 때가 있으니 유념해두면 좋다.

출판업 연관 산업

다음으로 출판업과 연관된 산업을 살펴본다.

우선 '인쇄 및 기록매체 복제업'에 속하는 다양한 업종이 있다. 제조업에 속하는 인쇄업과 제판, 조판업, 제책업(제본업)이 여기에 속한다. 곧 서적, 신문, 정기간행물, 기록매체 및 기타 간행물의 인쇄 및 인쇄 관련 서비스를 제공하거나 오디오물, 영상물 및 소프트웨어 등의 기록물을 복제하는 등 물리적 인쇄를 수행하는 사업으로, 출판사와 달리 콘텐츠 기획이나 유통은 하지 않는다.

전자책이나 오디오북 출판과 관련한 정보서비스업이 있고, 특히 전자책 제공을 업으로 하면 데이터베이스 및 온라인 정보 제공업에 속한다.

또 전자책(ePub)이나 PDF, 오디오북 제작 및 유통과 관련한 플랫폼을 개발하는 소프트웨어개발 및 공급업이 있는데, 이 업종은 정보통신업의 하위업종으로 출판사와 협업하되, 콘텐츠 생산보다는 기술제공에 초점을 둔다.

마지막으로 출판물을 유통판매하는 도소매업으로 서점이 있다. 요즘 도서판매는 전문서점 외에도 카페나 문구점 등과 결합하는 다양한 형태를 취하고 있다.

출판업처럼 보이지만 출판업이 아닌 다음과 같은 경우도 있다.(괄호 안은 산업분류기호)

- 수수료 또는 계약에 의한 출판물 및 인쇄물 인쇄활동(1811)
- 기록 매체 복제활동(18200)
- 주문형 소프트웨어 개발(62010)
- 영화 및 오디오 기록물 제작활동(59)

이런 활동은 출판업과 달리 부가가치세 면세업이 아니므로 출판사가 위 사업을 겸할 때는 겸업사업자兼業事業者* 등록을 해야 한다는 점을 유의해야 한다.

---

* 겸업사업자란 부가가치세 과세사업과 면세사업을 겸하는 사업자를 말한다.

출판 회계·세무 실전 가이드

출판업 분류와 세무·회계

정리하면 출판업은 한국표준산업분류상 정보통신업에 속하지만, 일정 요건을 충족하면 제조업으로 분류될 수도 있다. 이는 단순한 산업분류상의 문제가 아니라, 회계 기준 적용과 세법 해석에 직접적인 영향을 미친다는 점에서 의미가 있다.

출판업의 이중적 성격은 경우에 따라 혼란을 일으키기도 하지만, 반대로 제도 적용에서 일정한 융통성을 제공하기도 한다.

먼저 회계 측면에서는, 종이책은 인쇄·제본을 거쳐 보관·유통 후 판매되는 재고자산이므로 제조업 회계방식을 적용하는 것이 원칙이다. 곧 제조원가명세서 작성과 재고자산 관리가 필수적이다. 이를 생략하면 자산이 과소계상되고 비용이 과대인식되어, 매 회계연도의 수익 측정이 왜곡되고 경영성과 평가 및 세법 적용에도 문제가 발생한다.

반면 세법 측면에서는, 출판업을 정보통신업 또는 제조업 어느 쪽으로도 해석할 수 있다. 특히 명시적으로 출판업을 별도로 배제하는 규정이 없다면 세법상 제조업으로 주장하는 것이 세제 혜택이나 감면에서 유리할 수 있다.

다만 현실적으로 소규모 출판사는 재고자산을 정교하게 결산에 반영하는 일이 쉽지 않다. 이때는 정보통신업의 특성을 활용하여 단순한 서비스업 회계를 적용하더라도 세무상 큰 위험으로 이어지지는 않는다. 실무적으로 탄력성 있게 적용할 수 있다는 의미다.

출판업을 지원하는 세법은?

출판업의 분류가 회계상 갖는 의미는 어떤 업종 기준으로 결산서를 작성할 것인가와 관련되어 있다면, 세법에서는 업종별로 다른 세법특례의 적용과 관련되어 있다.

다시 말해 출판업을 제조업으로 보면 회계상 결산서를 작성할 때 제조원가명세서가 필수적인 부속명세서로 작성되어야 하고, 이를 통해 출판사가 제작하는 도서를 재무상태표상의 재고자산으로 표기하고, 손익계산서에도 매출원가가 필수적인 항목으로 표시되어야 한다. 이를 위해서는 회계 기간 중에도 도서의 종별 수량과 원가 관리가 중요하고, 매년 재고조사에 따라 기말재고 금액을 확정하는 절차가 필수적이 되어 회계와 결산서 작성 과정이 다소 복잡해진다. 하지만 정보통신업으로 보면 재고자산 표기나 재고자산 관리가 회계상의 의무가 아니게 되어 재무상태표나 손익계산서가 더 간편해지고, 작성 과정도 상대적으로 단순해진다.

반면 세법에서는 회계와는 또 다른 방식으로 업종에 따른 세법의 특례나 적용 여부가 달라지는데, 우선 세법상 출판업 분류부터 검토하면서 세법 적용이 업종 등에 따라 어떻게 달라지는지 살펴본다.

정보통신업 또는 출판업이 받는 세금 혜택

출판업은 세법에서 정보통신업 적용을 받거나 그 하위 범주인 출판업 적용을 받기도 한다.

정보통신업 적용 조세특례

출판업이 속하는 정보통신업은 세법상 특례를 받을 수 있는 중소기업 업종에 속한다.(전문직이나 부동산임대업, 소비성서비스업 등은 세법상 중소기업 업종이 아니라 규모가 작아도 조세혜택이 없다.) 출판업은 정보통신업으로도 출판업 자체로도 모두 세법상의 중소기업 특례를 적용받을 수 있다. 정보통신업으로서는 창업중소기업 등에 대한 세액공제 대상이 된다. 따라서 생애 처음 출판사를 창업하면 해당 세액공제를 받을 수 있다. 이때 출판업은 정보통신업에서도 신성장서비스산업으로 특례를 적용받는다.

출판업 적용 조세특례

출판업 자체로도 중소기업 특별세액감면 대상이 되어, 매년 소득세 또는 법인세의 일부를 감면받을 수 있다. 일반적으로는 수도권 소재 기업이 지방 소재 기업에 비해 세법에서 불이익을 받는 반면 출판업은 수도권에 소재하더라도 소기업이든 중기업이든 그 규모가 대기업에 속하지 않는다면 중소기업 특별세액감면을 받을 수 있다.

서비스업과 제조업의 경계 지대

그런데 세법에서 출판업을 서비스업에 해당하는 정보통신업으로 보는지 제조업에 해당하는 업종으로 보는지 명확하지 않다. 다시 말해 정보통신업으로 보아 재고자산 회계를 하지 않아도 되는지 아니면 제조업으로 보아 재고자산 회계를 의무적으로 적용해야 하는지 세법에서 명확하게 정하지 않았다.

재고자산은 당기순이익에 미치는 영향이 큰 항목이다. 따라서 세법의 이런 애매한 입장은 출판사가 소득 조절을 목적으로 재고자산을 임의로 조절하는 융통성을 허용한다고 할 수 있다.

부가가치세 면세업종으로서의 출판업

출판업은 면세재화(도서)를 공급하는 업종

사업할 때 머리 아프게 하는 세금이 바로 부가가치세다. 거래 상대방에게 (세금)계산서를 끊거나, 받아야 하는 거래 절차에 익숙해지는 데 시간이 걸린다.

우선 출판업과 부가가치세의 관계를 간단히 설명해본다.

부가가치세법은 특정한 재화나 서비스의 공급에 대해 부가가치세를 면제하는 조항을 두어 그 대상(면세재화 또는 용역)을 열거하고 있다. 주로 쌀이나 보리, 수돗물, 의료보건, 전기 등 생활에 필수적인 재화나 서비스 등이다. 그런데 그 면세재화 또는 서비스의 하나가 바로 도서(도서대여 및 실내 도서열람 용역을 포함한다)와 신문, 잡지, 관보官報, 「뉴스통신 진흥에 관한 법률」에 따른 뉴스통신 및 방송 등(다만, 광고는 제외한다)이다.

출판 회계·세무 실전 가이드

도서를 판매할 때는 부가가치세를 면제한다. 곧 소비자가 책을 구입할 때 부가가치세를 부담하지 않는다. 여기서 도서란 종이책뿐 아니라 일정 요건을 충족한 전자책(오디오북 포함)도 포함된다. 책처럼 부가가치세가 면제되는 재화를 판매할 때는 부가가치세가 별도로 표시된 세금계산서(또는 신용카드 매출전표나 현금영수증)가 아니라 '계산서'(부가가치세 표시가 없는 증빙)를 발행해야 한다.*

전자책의 면세 요건

전자책은 다음 요건을 모두 충족해야 면세로 분류하고, 그렇지 않으면 전자적 형태를 갖춘 콘텐츠 거래라 하더라도 부가가치세를 과세한다.

구분	내용
형태 및 내용	도서 또는 간행물의 형태로 출간된 내용 또는 출간될 수 있는 내용이 음향이나 영상과 함께 전자적 매체에 수록되어 컴퓨터 등 전자장치를 이용하여 그 내용을 보고 듣고 읽을 수 있는 전자출판물, 다만 음악산업진흥에 관한 법률, 영화 및 비디오물의 진흥에 관한 법률 및 게임산업진흥에 관한 법률의 적용을 받는 것은 제외함.
기록사항	저자, 발행인, 발행일, 정가, 출판사, 자료번호가 표시될 것.
자료번호	콘텐츠의 권리관계와 유통·이용의 선진화 등을 위한 콘텐츠식별체계의 식별번호(사단법인 한국전자출판협회 또는 국립중앙도서관이 인증 시 부여) 또는 도서관법 제21조의 '국제표준자료번호(ISBN)'. 다만, 전자출판물은 국립중앙도서관이 아닌 기관으로부터 부여받은 국제표준자료번호도 허용함.

---

* 세금계산서는 대부분의 공산품이나 음식료처럼 부가가치세가 과세되는 재화 또는 서비스를 제공할 때 발행해야 하는 세법상의 증빙으로 거래상대방과 공급가액, 부가가치세 세액이 표시되어 있다. 반면 부가가치세가 면제되는 재화나 서비스를 공급할 때는 계산서를 발행하는데, 부가가치세액 표시가 없다. 신용카드 매출전표나 현금영수증도 동일하다.

부가가치세 면제의 의미

그런데 도서의 부가가치세를 면제한다는 건 어떤 의미일까?

원래 부가가치세는 과세구조상 최종소비자인 독자가 부담하게 되어 있다. 우리나라 부가가치세법상 부가가치세 과세방식은 재화나 서비스를 공급(판매)하는 과정에 있는 사업자는 자기가 부담한 부가가치세를 공제받고, 최종소비자가 부가가치세를 부담하는 구조다. 그런데 도서의 부가가치세를 면제하면 최종소비자인 독자의 부가가치세(공급가의 10%) 부담이 사라져 도서를 더 싸게 구입하는 장점이 있는 반면, 면세재화인 도서를 공급하는 출판사나 서점은 거래 과정에서 자신이 부담한 매입 부가가치세(종이, 인쇄, 제본 등에서 부담한 부가가치세)를 공제받지 못하게 된다. 그렇다고 출판사가 손해일까? 그렇다고 볼 수는 없다. 돌려받지 못하는 금액만큼 정가에 반영한다고 볼 수 있으니까. 또 군이 부가가치세를 신고·납부할 의무가 없다는 점도 장점이다.

다만 도서가 부가가치세 면세재화라고 해서, 저작권도 면세되는 것은 아니다. 저작권을 양도할 때는 부가가치세를 부담해야 한다. 뒤에서 다시 살펴본다.

출판업을 지원하는 출판문화산업진흥법

출판업과 직접 관련된 법령으로 출판문화산업 전반에 영향을 미치는 출판문화산업진흥법이 있다. 이 법은 출판전문인력 양성과 양서良書 출판, 국내외 우수저작물의 번역, 출판시설 및 간행물 유통의 현대화, 전자출판, 국제교류·협력 및 수출시장 확대 지원 그리고 만화산업의 육성·지원과 서점書店 및 제본업製本業 등을 지원하는 근거법이다. 또 한국출판문화산업진흥원과 간행물윤리위원회의 설치와 운영, 간행물정가 표시와 재판매가격 정책, 유통질서 등 출판문화산업의 발전을 위한 제반 규정을 담고 있다.

따라서 모든 출판사 및 출판 관련 단체는 이 법령을 숙지하고 시대 변화에 능동적으로 법령 개정을 꾀하며 출판산업의 발전을 도모해야 한다.

출판 비즈니스와 주요 회계 쟁점

출판업 비즈니스 흐름과 회계 이슈

출판업의 비즈니스 모델은 보통 다음과 같은 흐름을 따른다.

도서제조 과정 (제조원가 발생)	도서판매 과정 (판매관리비 발생)
① 기획→② 원고 확보(저자와 계약)→ ③ 편집/디자인→④ 인쇄/제작 →	⑤ 유통(도매/서점)→⑥ 판매→⑦ 정산/회수

단계별로 다양한 회계상의 거래가 발생하고, 그 거래는 수익 또는 비용으로 회계처리된다. 기획에서 인쇄/제작까지의 공정은 도서의 제조원가에 해당하는 거래이고, 유통부터 정산/회수까지의 과정은 판매관리비에 해당한다.

단계별 증빙과 회계상 이슈를 살펴보면 다음과 같다.

기획

출판의 출발점은 콘텐츠 기획이다. 출판사의 핵심 경쟁력은 기획 생산력에 있으며, 수많은 기획안 중 일부만이 실제 도서제작으로 이어져 수익을 창출한다.

- 회계처리: 수익 창출로 이어지는 기획 비용은 도서제조원가에 포함된다. 반면 중도에 포기된 기획 비용은 당기 연구개발비용(판매관리비 항목) 등으로 처리한다.

원고 확보(저자와 계약)

기획안이 채택되면 저자와 협의 후 계약을 체결하며, 보통 초판 제작부수에 해당하는 계약금을 선지급한다.

- 회계처리: 지급한 계약금은 선급금으로 회계처리(계상)한 뒤 출간 시에 제조원가의 지급수수료로 대체한다.
- 세무 이슈: 계약금 지급월의 다음 달 10일까지 원천세를 신고·납부해야 한다. 특히 외국 저자 개인과 계약할 때는 원천세 신고·납부로 충분하나, 외국 출판사·단체와 계약할 때는 원천세 신고와 함께 부가가치세 대리납부 의무가 발생할 수 있다.

편집·디자인

원고를 교정·교열하고, 본문과 표지 디자인을 진행한다.

- 회계 이슈: 제조원가에 해당하는 항목으로 급여, 상여, 퇴직급여 등 인건비, 외주용역에 대한 지급수수료로 처리한다.
- 세무 이슈: 편집·디자인 용역비는 근로소득이나 사업소득, 기타소득 등으로 원천세 신고 대상이다. 또한 도서와 직접 관련된 디자인 비용은 연구·인력개발비 세액공제 대상이므로, 증빙 구비에 유의

해야 한다. 특히 내부 인력일 때는 연구전담부서 신고를 해야 하고, 외주 디자인 용역일 때는 산업디자인전문회사와 계약해야 한다.

인쇄·제작

편집·디자인이 완료되면 종이를 발주하고 인쇄·제본을 의뢰한다.

- 회계 이슈: 제조원가에 속하는 경비로 외주가공비로 회계처리한다.
- 세무 이슈: 종이·인쇄·제본 비용 등에 대한 세금계산서를 수령하는데, 면세사업자라 매입세액을 공제받지 못하지만 꼭 구비해야 한다. 증빙 없는 현금거래는 세무상 불이익이 발생할 수 있으므로 지양한다.

유통(도매·소매)

완성된 책은 출판사 창고 또는 유통사 물류창고에 보관한 뒤 출고된다. 주문을 받고 도서를 서점으로 출고할 때는 거래명세서를 발행하고, 계산서와 함께 서점에 송부한다.

- 회계처리: 판매(납품) 기준으로 수익을 계상하며, 미수금은 외상매출금(매출채권)으로 인식(회계처리)한다.
- 세무처리: 서점에 책을 납품할 때 계산서를 발행하고 세무상 수입금액*으로 반영한다.

판매(납품)와 반품

출판사는 도서를 도매상·소매상·독자에게 판매한다. 그런데 대

---

* 수입금액은 세법상의 용어로, 회계의 매출 또는 수익과 유사하지만 차이가 발생할 수 있다. 나중에 설명한다.

　　　　출판 회계·세무 실전 가이드

부분 서점과의 계약은 반품조건부이므로, 납품액이 곧 판매액은 아니다.

- 회계 이슈: 납품 시에 매출이 발생하는데, 결산 시에 반품추정액만큼 매출에서 차감하므로, 납품액과 결산서상 매출액이 다를 수 있다.
- 세무 이슈: 납품액만큼 수입금액에 반영하고, 반품액만큼 수입금액에서 차감하는데, 회계상 반품충당금은 세무상 비용으로 인정되지 않으므로 회계상의 매출과 세무상 수입금액이 달라질 수 있다. 또한 독자에게 직접 판매할 때 현금영수증·신용카드전표·계산서 등을 반드시 발행해야 하며, 미발행 시 과태료가 부과된다.

정산·회수

서점과 반품조건부 계약을 체결한 경우, 월별·분기별로 판매 및 반품 내역을 정산하고 수금을 진행한다. 출판사의 현금흐름을 안정적으로 유지하기 위해 매출채권의 정산·회수 관리는 출판사 경영의 핵심 과업 중 하나다.

반품조건부 판매약정과 문제점

출판 유통의 가장 큰 특징은 반품조건부 판매약정이라 할 수 있다. 곧 서점은 판매되지 않은 도서를 출판사에 자유롭게 반품할 수 있다. 따라서 출판사는 매출을 정산할 때 반품 가능성을 반드시 고려해야 한다. 일반적으로 반품율은 도서 장르, 출판사 인지도, 판매채널에 따라 달라지며, 납품액의 10~30% 수준으로 보고된다.

회계상 처리

회계에서는 출판사가 유통회사에 도서를 납품할 때 매출을 인식한다. 다만 예상 반품율을 반영하여 반품충당금을 설정하고, 그 금액만큼 매출을 차감해 실현 가능한 매출액만 인식한다. 곧 회계는 미래의 반품 가능성을 고려해 결산에 반영한다.

세무상 처리

세법에서는 반품충당금을 인정하지 않는다. 곧 회계에서 반품충당금만큼 매출에서 차감해도 세법은 이를 부인한다. 출판사는 납품 시점에 전체 납품액 기준으로 계산서를 발행해야 하며, 이후 실제 반품이 발생하면, 그때 가서 수정계산서(마이너스 계산서)를 발행하여 매출을 차감한다. 곧 세무는 반품충당금이 아니라 실제 반품이 발생해야만 매출에서 해당 금액을 차감할 수 있다.

회계와 세무의 차이

회계상 매출은 납품액에서 반품액을 차감한 뒤 다시 한번 결산 시점에 반품 가능성을 추정하여 해당액만큼 매출을 차감한다. 세무상 매출은 납품액에서 반품액을 차감한 금액으로 계산한다. 이 때문에 출판사는 회계상 매출과 세무상 매출 간 불일치가 발생하게 된다. 매출액에 대한 반품추정액만큼 세무상 매출이 더 크다. 따라서 회계상 반품충당금을 설정했다면 세무조정을 통해 세무상 매출에 가산해야 향후 법인세를 추징당하지 않는다.

외상매출금 회수의 중요성

출판사의 도서판매는 일반적으로 1~3개월의 외상 조건으로 정산되며, 간혹 6개월 이상 외상매출금의 회수가 늦어지기도 한다. 이 때문에 결산서상 이익이 발생했는데도 출판사 운영자금이 부족해질 수 있다. 특히 매출이 특정 도매상이나 소매상에 집중되었을 때, 해당 거래처에서 대금 회수가 지연되면 출판사의 자금흐름 악화와 함께 경영상 위기로 이어질 수 있다. 따라서 출판사에서 외상매출금의 회수 관리는 경영 안정성을 확보하기 위한 핵심 과제라고 할 수 있다.

도서 형태별 수익구조 비교

도서 형태별로 수익구조가 어떻게 다른지 간단히 정리해본다.

종이책

- 원가구조: 종이비, 인쇄비, 제본비, 창고보관료 등 물리적 제작비와 유통비 비중이 큼
- 유통구조: 물류유통사 → 도매상 → 서점 → 독자
- 수수료율: 도매상(또는 소매서점) 판매수수료율(정가의 30~40%)
- 비즈니스 모델: 출판사가 초기 비용을 전액 부담하는 '기획출판형' 모델이 주류
- 수익 포인트: 일정 기간 꾸준한 판매 시 장기 누적수익 발생 가능

전자책

- 원가구조: 초기 제작비(ePub 변환, 디자인) 이후 재판 제작비나 물류 보관비 등이 없음
- 유통구조: 전자책 플랫폼(예: 리디북스, 교보eBook 등)을 통해 공급
- 수수료율: 정가의 30~50%까지 플랫폼 수수료 발생
- 비즈니스 모델: 적은 초기 비용, 반복 판매 가능, 리스크는 낮으나 수익 단가도 낮음
- 과세 이슈: 앞에서 말한 문체부 고시 요건을 갖추지 않는 전자책은 부가가치세 과세대상(정가의 10%)이 될 수 있음

오디오북

- 원가구조: 녹음비, 낭독자 출연료, 편집비 등 음성콘텐츠 제작비 부담
- 유통구조: 윌라, 밀리의서재, 네이버 오디오클립, 교보 오디오북, 예스24, 오디언소리 등 스트리밍 기반 플랫폼을 통해 공급
- 비즈니스 모델: 구독 기반 수익배분, 사용량에 따라 변동
- 수익 예측: 스트리밍 청취량에 따라 수익이 결정되므로 예측치 불명확
- 세무상 과세: 전자출판물로 분류하여 부가가치세를 면세할 수 있으나, 요건 미충족 시에는 부가가치세가 과세될 수 있음

도서형태별 수익구조 비교표

구분	종이책	전자책	오디오북
초기 비용	높음(인쇄·제본비 등)	낮음(파일 변환비)	중간(녹음·편집비)
유통 수수료	정가의 30~40%	정가의 30~50%	플랫폼 배분율 비공개

출판 회계·세무 실전 가이드

과세 여부	면세	면세 또는 과세(10%)	면세 또는 과세(10%)
수익구조	1회 구매 중심	반복 다운로드 중심	구독 기반 사용량 정산
장점	고정 독자층, 누적수익 가능	생산·유통비용 적고 수명 긺	콘텐츠 재가공 가능, 접근성 높음
단점	반품 발생, 물류비 부담	수익 단가 낮음	제작비 대비 수익 예측 어려움

출판업은 단일 산업이 아니라, 콘텐츠·제조·유통·서비스가 혼합된 복합 산업이다. 또한 세무상으로는 면세와 과세가 혼재되어 있고, 비즈니스 모델은 출판사마다 천차만별이다. 이러한 산업의 구조를 이해하는 것은 단순한 배경지식이 아니라, 회계처리 방식, 비용 통제 전략, 세무 대응 방법을 결정하는 핵심 정보다.

출판사 수익모델 다변화

출판사의 수익모델은 크게 보면 다음과 같다.

단행본 중심의 도서 매출

일반적으로 출판사는 종이책, 전자책, 오디오북 등 단행본 포맷별로 저자 등과의 수익배분 구조가 다르고, 유통채널(온라인서점, 오프라인서점, 직거래, 각종 플랫폼 등)별로 납품가와 회수 기간 차이가 생긴다. 또한 유통채널 납품도서는 일정 비율로 반품이 발생하기 때문에 총매출과 순매출을 구분해야 한다. 원고기획부터 판매까지 기간이 길어 현금흐름의 갭이 발생하므로 외상매출금을 적기에 회수해 현금흐름 위험에 대비해야 한다.

부가수익 및 B2B 매출

출판사의 부가적인 수익으로는 저자를 매개로 한 강연, 기업/공공기관 대상 콘텐츠 판매, 저작권 수출, 2차 콘텐츠화(영화화 등), 도서관 납본 등 다양하며, 저작권자 또는 유통업자와의 계약구조에 따라 저자 또는 제3자와의 수익배분과 수익인식 시점, 현금회수 등이 달라진다.

다양한 제작 방식에 따른 수익

- 기획출판: 출판사가 기획과 제작비를 전액 부담하고 판매수익도 전유하는 일반적인 수익 활동
- 공동기획출판: 출판사가 저자와 공동으로 제작비를 부담하고, 수익을 일정 비율로 배분하는 방식
- 자비출판: 저자가 제작비를 전액 부담하고 출판사는 일부 업무를 대행하면서 수익의 일부를 배분받는 방식
- 출판대행: 출판사가 외부기관이나 단체의 요청으로 제작과 유통을 대행하는 방식(부가가치세가 과세되는 용역이 될 수 있다.)

이러한 수익모델에 따라 회계처리 방식과 세무신고 방식도 달라지므로, 자신의 출판사가 어떤 구조의 수익모델을 채택하는지 파악하는 것이 회계·세무 관리의 첫걸음이다.

출판업의 비용구조와 재무적 특성

출판업은 전통적으로 고정비 부담이 크고, 수익 회수까지 장기간이 소요되는 비즈니스다.

고정비 중심 구조

출판사는 도서판매와 관계없이 먼저 임직원 인건비, 사무실 임차료, 저작권 계약금 등 고정비를 지출한다. 따라서 기획한 도서가 시장에서 성공하지 못하면 비용을 회수하기 어렵다. 반대로 베스트셀러가 나오면 단기간에 큰 수익이 발생해 고정비 부담을 상쇄하며 큰 이익을 실현할 수도 있다.

변동비

도서판매량에 비례하는 비용으로는 인세, 인쇄·제본비, 유통수수료가 있다. 이들은 매출과 직접적으로 연동되는 변동비 성격의 비용이다. 도서판매의 마진(매출총이익률)에 영향을 미치므로 주의 깊게 관리해야 한다.

현금흐름 리스크

출판사는 도서를 제조, 판매하더라도 판매대금 회수가 수개월 이상 지연될 때가 많다. 이로 인해 손익계산서상 이익이 나더라도 실제 현금흐름이 부족해 재무적 어려움에 빠질 수 있다. 또한 반품조건부 판매계약으로, 유통사에 납품한 뒤에도 반품이 발생하면 매출이 확정되지 않아 경영성과 판단이 왜곡되거나 경영 예측에 실패할 수 있다.

출판업의 재무 평가, 어떻게 할까?

수익건전성 비율

출판업에서 '바람직한 수익율 기준' 혹은 '계정별 최소비율 기준'을 제시할 수 있을까? 다시 말해 어떤 출판사의 재무제표를 보고 재무적으로 바람직한지에 대한 기준을 제시할 수 있을까 또는 그렇게 제시하는 게 바람직할까?

필자가 답을 해본다면 이렇다. "모범답안은 없지만 출판업 특성을 고려한 수익건전성 기준은 제시해볼 수 있다."

이를 위해 재무제표가 대외적으로 공표된 주요한 출판사들의 수익율 평균과 사업의 안정성 평가를 바탕으로 필자의 관점에서 출판업의 수익건전성 기준을 제시해보고자 한다.

이러한 기준은 필자의 주관적인 기준일 뿐 모범답안이 아니다. 왜냐하면 출판사의 상황이 매우 다양하기 때문이다. 타업종을 겸하는 출판사인가, 또는 이제 갓 설립된 신생출판사인가 오랜 출판사인가,

베스트셀러가 많은 출판사인가 아닌가, 아동 또는 그림책 전문 출판사인가 아닌가 등에 따라 매출이나 비용구조가 사뭇 다를 수 있기 때문이다.

따라서 여기서 제시하는 수익성 비율은 일반적인 출판사를 대상으로 한 참고용으로, 출판사 경영자 스스로 자기 회사의 수익성 비율을 검토하면서 평가하는 것이 더 바람직하고 중요하다는 점을 얘기해둔다.

기본 접근 원칙 및 가정

출판업의 수익건전성 비율을 제시하기 위한 전제는 다음과 같다.

우선 출판업은 초기 자본투입이 크지 않은 반면, 도서제작 판매에 따른 고정비(제작비, 인쇄비, 저작권비, 유통비 등)가 큰 특성이 있어, 매출 확대에 앞서 도서별 수익성 평가가 중요하다. 또한 출판사가 유통사업이나 도서 플랫폼 사업을 병행한다면 비용구조가 다르므로, 순수 출판 중심 사업을 전제로 설명한다. 또 출판사의 수익변동성(베스트셀러나 스테디셀러 유무 등) 및 수익과 현금흐름 간의 괴리(납품매출 시점과 현금회수 시점의 차이)가 크다는 점도 고려해야 한다.

수익건전성 비율

손익계산서 계정 항목을 바탕으로 건전한 수익성 및 비용비율 기준과 계정과목별 최소비율 기준을 같이 제시해본다. 우선 매출액 대비 주요 계정별 수익성 기준비율을 제시한 뒤 추가 설명을 한다.

계정 항목	매출액 대비 수익건전성 기준	매출액 대비 최소 기준	비고
매출원가(도서원가)	45~60%	≤ 65%	매출총이익률 40~55% 확보 필요
판매관리비	25~35%	≤ 40%	마케팅·물류비 포함한 비용 관리 중요
인건비	8~15%	≤ 20%	판매관리비 내 인건비 포함 기준(개인사업자 대표 적정 인건비 포함)
광고선전비	2~5%	≤ 8%	마케팅 비용 조절과 투자 효과 관리
감가상각비	1~3%	≤ 5%	비현금 비용 수준
연구개발비 (콘텐츠 개발 등)	1~3%	≥ 1%	장기 경쟁력 확보용 비용
기타 판매관리비(임차료, 운송비, 외주비 등)	나머지 판매관리비 범위 내 배분		판매관리비 전체의 안정성 관리 필요
영업이익	10~20%	≥ 5%	영업 수준에서 적정 이익성 확보 필요
법인세 비용	10~25%(당기순이익 대비)		실제 과세기준 세금
당기순이익	5~10%	≥ 0%	

계정별 수익성 기준 설명

다음의 수익건전성 비율은 매출액 대비 비율을 말한다. 이때 매출액은 당연히 유통사 납품가 매출 기준이다.

① 매출원가(매출총이익)

- 목표 비율: 45~60%(매출총이익률 40~55%)

종이 등 원가 상승 또는 외주 편집비 및 디자인비, 제작비 증가 위험에 대비해야 한다.

출판 회계·세무 실전 가이드

- 최저 기준: 65% 이하(매출총이익률 35% 이상)

  그렇지 않으면 정상적인 이익 실현이 매우 어려워진다.

- 원가 통제 전략: 외주 단가 협상, 편집/디자인/인쇄 등 효율성 개선, 적정 재고 관리

② 판매관리비

- 목표 비율: 25~35%

  판매관리비에는 인건비, 광고선전비, 임차료, 물류비, 외주비, 관리비 등이 포함된다. 개인사업자 대표의 적정인건비도 고려한다.

- 최저 기준: 40% 이하

- 비용 통제 대상: 유통비·물류비, 마케팅비, 관리 조직의 인건비

③ 인건비(판매관리비 내 인건비 비중)

- 목표 비율: 매출액 대비 8~15%

  지나치게 낮으면 인력·역량 약화 위험, 너무 높으면 비용 부담이 커지면서 이익 실현이 어려워진다.

- 최소 기준: 20% 이하

- 비용 통제: 조직 규모 및 외주 비중 고려한 유연성 필요

④ 광고선전비

- 목표 비율: 2~5%

  마케팅 효과ROI 분석을 철저히 하고, 신규 도서나 브랜드 홍보 시 주로 활용한다.

- 최소 기준: 8% 이하

- 비용 통제: 디지털 마케팅·SNS 채널 활용으로 비용 절감 모색

⑤ 감가상각비(비현금 비용이지만, 자산 설비·소프트웨어 투자 등을 반영)

- 목표 비율: 1~3%

- 최소 기준: 5% 미만

⑥ 연구개발비(콘텐츠개발비)

콘텐츠 중심 기업이라면 R&D 비용이 경쟁력 요소가 된다.

- 목표 비율: 1~3%

- 최소 기준: 1% 이상

⑦ 영업이익

- 목표 비율: 10~20%

  원가 및 판매관리비 관리가 잘 되어야 이 수준에 도달할 수 있다.

- 최소 기준: 5% 이상

위험요인 고려

신간도서가 시장에서 실패하거나 스테디셀러 또는 베스트셀러 목록이 약하면 어느 순간 매출이 급감할 수 있으므로, 고정비 지출 비중을 최소화하는 전략이 있어야 한다. 특히 인건비나 광고비가 과도하게 올라가면 영업레버리지, 곧 매출액 성장 대비 영업이익 성장이 마이너스가 될 수 있음에 유의해야 한다. 콘텐츠(저작권, 판권) 확보 비용이나 외주 개발비, 판촉비 등은 예비비 편성 등으로 자금 여유를 두어야 한다.

가장 중요한 것은 현금흐름 관리인데, 설사 매출에 따른 영업이익이 양호해도 매출 시점과 비용지출 시점, 현금의 유출입 시점이 괴리되므로 매출에 따른 현금회수 노력이 특히 중요하다. 규모가 있는 투자비용(출판 인프라, IT/플랫폼 개발 등)은 별도 투자 계획을 바탕으로 예산을 세워 집행하고, 반드시 적정한 감가상각을 통해 이익의 왜곡이 발생하지 않도록 해야 한다.

기타 재무비율 평가 항목

다음은 앞에서 설명한 매출액 기준 수익 또는 비용 비율 외에 출판사에서 점검해두면 좋을 주요한 재무비율을 소개한다.

안정성 비율: 회사 재무상태의 안정성 여부 평가
① 유동비율: 재무상태표상 유동자산을 유동부채로 나눈 비율로 1년 이내에 상환해야 할 유동부채를 유동자산으로 충당할 수 있는지 평가하는 지표로 100% 이상 되어야 안정적이다.
② 영업이익 대비 이자보상비율: 영업이익을 이자비용으로 나눈 비율로, 차입금에 대한 이자비용을 영업이익으로 커버할 수 있는지 평가하는 것으로 100% 이상 되어야 재무적 위험성이 없다.

활동성 비율: 출판사가 보유한 자산을 얼마나 효율적으로 사용하는지 평가
① 매출채권 회전율: 매출액을 평균매출채권(전기말과 당기말 매출채권잔액 평균)으로 나눈 비율로 매출채권을 회수해 판매에 재투입하는 회전율을 말한다. 4회 이상 회전율이 높을수록 채권잔액이 적을수록 채권회수가 빠르고 매출기여가 높다.
② 재고자산 회전율: 매출액을 평균재고자산으로 나눈 비율로 재고자산이 매출에 기여하는 속도를 말한다. 2회 이상 회전율이 높을수록 재고자산이 매출로 전환되는 속도가 빠르다는 의미가 된다.

제2장

출판업 회계, A부터 Z까지

1

회계란 무엇인가?

회계의 개념과 목적

회계는 기업의 영업활동(도서제조 및 판매 활동), 재무활동(자금의 차입과 상환 활동), 투자활동(유형자산 등의 취득과 처분 활동)과 관련된 거래를 기록, 분류, 공시하여 기업 이해관계자들(주주, 경영자, 정부 등)의 의사 결정에 필요한 정보를 제공하는 절차다.

쉽게 말해 회계란 기업활동에서 발생하는 '돈의 흐름', 곧 어떤 활동으로 얼마를 벌고, 어디에 지출했고, 얼마가 남았는지 보여주는 경영의 언어다. 회계의 결과물은 수치화된 경영보고서, 곧 재무제표다. 따라서 회계는 재무제표를 만들어 공표하기 위한 도구라고 할 수 있다.

회계는 다음과 같은 두 가지 목적이 있다.

① 재무보고 목적: 외부 이해관계자(주주, 채권자, 정부 등)를 위한 객관적 수치 제공

② 경영관리 목적: 내부의 의사결정 및 전략 수립에 필요한 수치 제공

출판사는 콘텐츠창작물 제조와 유통이라는 특성과 함께 무수한 외상거래를 수반하므로, 규모가 커지면 현금출납장 같은 단순한 수입/지출 관리로는 경영관리가 불가능하다. 책을 출간할 때부터 복식부기에 따른 회계절차를 통해 결산보고서를 작성하고, 이를 바탕으로 경영평가, 투자유치 및 배분, 세금 정산 등 복잡한 상황에 대응해야 한다.

복식부기 회계(발생주의와 현금주의)

어떻게 하면 앞에서 언급한 회계의 목적을 달성할 수 있을까?

기업활동을 최대한 체계적으로 기록하고 분류하고 공시하는 회계 시스템을 갖추어야 한다. 가계라면 현금출납장 같은 간단한 장부만으로 재무상태를 정리할 수 있지만 기업에서 그게 가능할까? 출판사의 영업활동은 수많은 거래로 이뤄지고, 현금거래보다는 외상거래가 대부분이다. 따라서 현금출납장 수준으로 이런 거래를 관리하는 것은 불가능하다. 매출거래처별로 언제 얼마의 금액을 납품했는지 기록해두지 않으면 미수금과 반품 관리를 제대로 할 수 없다. 또 외주용역이나 인쇄, 제본 등 매입거래도 외상거래가 많다. 매입거래처별로 장부를 작성해 관리해야 미지급금이 얼마인지 파악할 수 있다.

이처럼 외상거래를 포함한 모든 거래를 기록, 관리하고, 이를 이해관계자 또는 경영자에게 보고서로 제공하도록 해주는 것이 바로 복식부기 회계다. 복식부기란 현금거래뿐 아니라 외상거래도 회계처리하여 결산서에 반영하여 보고하는 방식이다. 이를 '발생주의 회계'라고

　　　　　　　　　출판 회계·세무 실전 가이드

도 한다. 현금출납 중심의 기록인 '현금주의(단식부기)'에 대비되는 개념이다.

복식부기는 발생한 거래를 그 성격(자산, 부채, 수익, 비용 등)에 따라 차변(왼쪽)과 대변(오른쪽)으로 나누어 기록하는 방식이다. 이렇게 해서 나온 결과물이 재무제표인데, 회계상의 약속에 따라 차변과 대변에 기록하는 항목은 다음과 같다.

관련 재무제표	차변요소		대변요소	
	구분	계정과목	구분	계정과목
재무상태표	자산	현금, 예금, 매출채권, 재고자산, 유형자산, 투자자산, 무형자산 등	부채	매입채무, 미지급금, 예수금, 차입금, 퇴직급여충당금
			자본	자본금, 잉여금 등
손익계산서	비용	매출원가, 급여, 복리후생비, 업무추진비, 외주비, 광고선전비, 이자비용, 처분손실 등	수익	매출, 이자수익, 처분이익 등

2

출판업 회계의 특징과 재무제표를 알아보자

회계는 회사의 재무상태와 경영성과에 대한 정보를 이해관계자에게 제공하기 위한 절차이고, 그 결과물이 바로 재무상태표, 손익계산서 등의 재무제표라고 할 수 있다.

그렇다면 출판업 회계의 고유한 특징은 무엇일까?

제조업 특성을 반영한 출판업 회계

출판업은 정보통신업에 속하므로 제조업 회계를 적용하지 않고, 발생한 비용(도서제조원가 포함)을 전액 비용처리하더라도 회계상으로나 세무상 문제는 없다고 할 수 있다. 하지만 출판사 경영자 입장에서 도서의 재고관리는 매우 중요한 경영 업무 중의 하나이므로, 경영정보와 회계정보의 목적상 재고관리가 가능한 제조업 회계를 적용하는 것이 맞다.

 출판 회계·세무 실전 가이드

실제 대부분의 출판사는 제조업 회계에 따라 회계처리하고, 재무제표를 작성한다. 제조업 회계는 제품(도서)을 생산/판매하는 업종에 맞게 회계처리와 결산(재무제표 작성)을 하는 것으로, 재무상태표에 재고자산을 표시하고, 손익계산서에 매출원가의 계산 정보(매출원가=기초재고자산+당기제품제조원가-기말재고자산)가 표시된다. 또한 재무제표의 부속명세서로 도서제조와 관련한 제조원가명세서를 작성한다.

특히 자산이나 매출 규모가 커서(자산 120억 원 이상, 매출 100억 원 이상) 공인회계사로부터 외부감사를 받는 출판사는 필수적으로 제조업 회계를 적용하여 재무제표를 공시하게 되어 있다. 그것이 출판사의 재무상태나 경영성과 보고에 더 합리적이기 때문이다.

한편 제조업 회계를 적용하여 결산서를 작성해두면 세무적으로 어떤 이슈가 발생할 때 유리한 경우가 있다. 세법은 보통 서비스업보다는 제조업을 우대하는 경향이 있기 때문이다. 그래서 출판사의 규모가 커지거나 회계관리 부담을 느끼지 않는다면 가급적 제조업 회계를 적용하여 회계처리를 하는 것이 좋다.

제조업과 정보통신업 재무제표의 구조를 비교하면 다음과 같다.

구분	제조업	정보통신업
재무상태표	자산 　유동자산 　재고자산(제품, 재공품, 원재료) 　(필수항목)	자산 　유동자산 (제품이나 재공품 등이 필수적이지 않음)
손익계산서	매출 매출원가(필수항목) 　기초재고자산 　(+)당기제품제조원가 　(-)기말재고자산 매출총이익	매출 (매출원가, 필수적이지 않음) 매출총이익 판매관리비

제조원가명세서	당기제품제조원가(필수적인 명세) = 노무비(편집·교정·디자인 인건비 등) + 재료비(기초종이 재고금액 + 당기매입 - 기말종이 재고금액) + 경비(복리후생비, 감가상각비, 경상개발비 등) = 당기총제조비용 + 기초재공품 - 기말재공품	(제조)원가명세서 (필수적이지 않음)

출판업의 재무제표

출판업 회계의 결과물인 재무제표를 이해해보자.

재무제표 중 가장 중요한 재무상태표와 손익계산서, 현금흐름표, 그리고 부속명세서 중의 하나인 제조원가명세서를 차례로 살펴본다.

출판사 재무제표 종류

재무제표 종류	주요 내용	출판업에서 주로 보는 항목
재무상태표	자산, 부채, 자본의 현황	도서 재고, 외상매출금, 미지급 인세 등
손익계산서	일정 기간의 수익과 비용 현황	도서매출, 매출원가, 인세비용, 외주비용, 반품손실 등
현금흐름표	현금의 유입과 유출 흐름	인세 지급, 외상매출금의 정산회수 지연 등
제조원가명세서	도서제조에 투입된 원가 명세	기획부터 편집, 제본까지 투입된 인건비, 외주비, 기타 경비 명세

재무상태표의 표시와 읽는 법

재무상태표는 특정 시점의 출판사의 자산과 부채에 관한 정보를 정리한 보고서다. 출판사에서 가장 중요한 자산은 영업활동의 원천인 재고자산이며, 영업활동의 결실인 매출채권, 기타 편집과 디자인 등에 필수적인 컴퓨터 또는 출판 관련 소프트웨어가 될 것이다. 또 중요한 부채는 지업사(종이), 외주제조업체(인쇄소, 제본소), 물류유통회사 등과의 거래에서 발생한 매입채무, 임직원 또는 외주용역에 대한 미지급 급여 및 미지급금, 차입금 등이다.

만약 회사가 다양한 주주로 구성된 주식회사 같은 법인이라면 자본금이나 잉여금 보고도 중요해질 수 있다.

다음은 일반적인 출판사(주식회사용)의 재무상태표 구성 요소다.

차변(자산)		대변(부채와 자본)	
유동자산 1) 당좌자산 　- 현금 및 현금성 자산 　- 단기금융상품(각종 예금, 상장주식 등) 　- 매출채권/미수금… 2) 재고자산 　- 제품 　- 원재료 **비유동자산** 　- 투자자산 　- 유형자산 　- 무형자산 　- 기타 비유동자산 (임차보증금)	• 수익활동을 위해 취득한 자산 • 유동성이 큰 자산부터 순차적으로 배열함	**유동부채** 　- 미지급비용 　- 미지급금 　- 단기차입금 **비유동부채** 　- 퇴직급여충당부채 　- 장기차입금 **부채 총계**	• 타인에게서 조달한 자금 • 유동성이 큰 순서로 배열함
		자본 　- 납입자본금 　- 자본잉여금 　- 이익준비금(현금배당 시 10% 적립) 　- 이월잉여금 **자본 총계**	• 주주 등으로부터 조달한 자금 • 성격별 구분하여 배열함
자산 총계		**부채와 자본 총계**	

보통 재무상태표 왼쪽의 차변은 자산 항목을, 오른쪽 대변은 부채와 자본 항목을 배지한다. 오른쪽(대변)에 있는 부채와 자본은 기업에 필요한 자금 조달의 원천을 보여준다. 기업의 소유주인 주주 외의 타인으로부터 조달한 자금을 부채라 하고, 주주로부터 조달한 납입자본금과 기업 수익활동의 결과물인 잉여금을 자본이라 한다. 이렇게 조달한 자금

으로 기업의 수익 창출 활동에 필요한 자산을 취득하는데, 자산의 다양한 모습을 보여주는 게 재무상태표의 차변(자산)항목이라 할 수 있다.

자산과 부채를 나열할 때는 가능하면 유동성(현금화 가능성)이 큰 항목을 앞에, 유동성이 낮은 비유동성 항목은 뒤에 배치한다. 이 때문에 현금 및 현금성 자산 항목을 맨 위에 표시하고, 유형자산 등 비유동자산 항목을 아래쪽에 순차적으로 배치한다. 부채도 1년 이내에 갚아야 하는 유동성 부채인 매입채무부터 비유동성 부채인 퇴직급여충당부채, 장기차입금 등의 순으로 배치한다.

법인출판사의 경우 자본은 주주로부터 직접 조달한 자본금(또는 자본잉여금)과 기타자본으로 구분되는데, 기타자본 중에는 기업의 수익 활동의 결과물인 잉여금이나 자산의 재평가에 따른 차익 등이 포함된다. 개인출판사는 이러한 자본 구분의 실익이 없다.

차변인 자산의 합계와 대변인 부채와 자본의 합계는 항상 일치하는데, 기업의 거래를 복식부기 원리에 따라 회계처리한 결과물이기에 당연한 이치다. 복식부기란 하나의 거래에 대해 동일한 금액을 차변과 대변 계정과목으로 나누어 분개分介하는 절차를 말한다.(57쪽 예시 참조)

손익계산서 표시와 읽는 법

일정 기간 기업의 경영성과를 체계적으로 요약한 보고서가 손익계산서*다. 손익계산서는 경영활동의 결과 나타난 손실 또는 이익을 기능별로 구분하여 계산한 결과를 보여준다. 일반적인 손익계산서는 다음 표의 왼쪽과 같다. 오른쪽은 출판사의 거래 흐름과 손익계산서의

---

* 포괄손익계산서라고도 한다. 단 포괄손익계산서에는 당기에 실현된 손익과 아직 미실현된 손익을 모두 표시한다.

　　　　　　　　　　　　출판 회계·세무 실전 가이드

관계를 나타낸다.

<table>
<tr><td>

매출액
  - 제품매출액
  - 저작권매출액
(-)매출원가
  기초제품재고
  (+)당기제조원가
  (-)기말제품재고
(=)매출총이익
(-)판매관리비
  - 급여
  - 복리후생비
  - 업무추진비
  - 감가상각비
  - 임차료
  - 지급수수료
(=)영업이익
(+)영업외수익
(-)영업외비용
  - 이자비용
  - 기타비용
(=)당기순이익

</td><td>

<출판사 거래 흐름도>

1. 도서의 제조 과정
기획비/편집비/디자인비(제작비로 선투입)

도서 완성 및 출간(유통채널에 납품)

제조원가명세서에 표시되고, 매출원가로 이어짐

2. 도서의 판매, 정산, 회수 과정
판매관리비 투입

매출 발생/반품 발생

판매대금 회수(외상 1~3개월)

저자인세 정산 및 지급

최종 손익 확정(반품 반영 포함)

</td></tr>
</table>

위 표에서 볼 수 있듯이 매출총이익은 제품 등의 매출액에서 판매된 제품 등의 제조원가인 매출원가를 차감한 이익을 말한다. 원가 대비 판매가의 차액을 보여주는 지표로 출판업의 매출총이익은 매출액의 30%를 넘어야 지속가능다고 평가한다. 도서판매를 위한 판매관리비를 충당할 수 있는 여유를 매출총이익에서 만들어야 하기 때문이다.

영업이익은 매출총이익에서 판매관리비를 차감한 이익으로, 정상적인 영업활동에서 발생한 이익을 표시한다. 영업이익이 (+)가 되지 않는다면 출판 비즈니스는 지속가능하지 않다고 평가된다.

기타 영업외수익과 영업외비용은 출판 본연의 활동 이외에서 발생하는 이자수익 등 또는 이자비용 등이다. 영업이익에서 이를 가감하고, 법인세비용(또는 사업소득세)을 차감하면 당기순이익이 계산된다.

당기순이익은 한 회계연도에서 발생한 최종적인 이익을 나타낸다.

현금흐름표의 구조와 이해

재무상태표와 손익계산서는 들어봤어도 현금흐름표를 처음 들어본 경우가 많을 것이다. 현금흐름표란 무엇이고, 왜 필요할까?

현금흐름표는 일정 기간 기업의 현금 흐름의 변동내역을 보여주는 보고서다. 거래를 현금 유출입을 기준으로 하여 영업활동과 투자활동, 재무활동으로 나눠 정리, 요약한 것으로 기업의 현금 창출 능력과 재무 건전성을 평가하는 데 중요한 정보를 제공한다.

손익계산서가 기업의 거래를 현금유출입과 무관한 발생 기준으로 정리한 경영성과 보고서라면, 현금흐름표는 거래를 현금의 유출입을 기준으로 정리한 보고서다.

손익계산서상 이익이 있는데도 부도가 나는 경우(흑자 부도라고 한다)를 생각해보면 이해하기 쉽다. 부도는 회계상 이익이 났지만 현금이 들어오지 않아 어음을 결제하지 못하는 경우인데, 매출이 발생했는데도 외상매출금 수금이 적기에 이뤄지지 않아 나타날 수 있는 위험이다. 외상매출에 따른 수금이 제때 이뤄지지 않으면 손익계산서상 이익은 단지 숫자에 불과하게 된다. 1년에 한 번 정도 현금흐름표를 작성해보면 회사의 자금흐름 적정성 여부를 평가할 수 있다.

현금흐름표 양식은 다음과 같다.

| ① **영업활동 현금흐름**
당기순손익
(+/-)외상매출금이나 외상매입금 증감
등 발생주의 회계에 의한 손익 조정
② **투자활동 현금흐름**
자산의 취득과 처분에 따른 현금흐름
③ **재무활동 현금흐름**
자금의 차입과 상환 등에 의한 현금흐름 | 영업활동 현금흐름은 당기순이익의 크기와 유사해야 정상이다.
만약 영업활동 현금흐름에서 (-)흐름이 계속된다면 현금 부족을 충당하기 위해 차입(재무활동)을 하거나 유형자산을 처분(투자활동)해야 하는 등 기업경영상 위험한 상황이 벌어질 수 있다. |

제조원가명세서의 구조와 이해

제조원가명세서는 재무제표의 부속명세서로서 도서제작에 투입된 원가를 재료비, 노무비, 경비 등으로 구분하여 정리한 보고서다. 도서 제작 과정에서 발생하는 원가의 흐름을 파악하고, 원가 절감 및 효율성 증대를 위한 분석 자료로 활용된다.

제조원가명세서의 양식은 다음과 같다.

제조원가명세서	설명
① **노무비** ② **재료비** 기초재료재고(전기재무상태표의 재고자산) (+)당기재료매입액 (-)기말재료재고 ③ **경비** (=)당기총제조비용(①+②+③) (+)기초재공품원가 (-)기말재공품원가 (=)당기제품제조원가	• 노무비: 편집 및 디자인 인건비 등 도서제조에 직접 또는 간접적으로 종사하는 인력에 대한 급여, 상여금, 퇴직급여 등 • 재료비: 도서 생산에 직접적으로 사용되는 종이나 잉크 등 • 경비: 재료비와 노무비를 제외한 도서제작과 관련된 모든 비용으로, 수도광열비, 감가상각비, 임차료, 제작부수에 연계된 인세 등 • 기초재공품원가: 전기에서 넘어온 미완성 제품(인쇄, 제본 중인 재공품)의 원가를 의미함. • 기말재공품*원가: 당기 미완성 제품의 원가를 의미함. • 당기제품제조원가: 기초재공품원가와 당기총제조비용을 합산한 금액에서 기말재공품원가를 차감한 금액으로, 당기에 완성된 제품의 총 제조원가 → **손익계산서 매출원가 계산에 필요한 항목**

* 재공품在工品, work in process: 제조공정에 있는 미완성품.

출판업 계정과목, 어떻게 회계처리할까?

도서 제조와 판매 시의 회계처리

기획, 편집, 디자인, 인쇄, 제본 및 도서 입고

도서를 기획할 때나 편집 또는 디자인할 때 인건비 등 비용이 발생한다. 또 인쇄나 제본을 할 때도 외주가공비 등의 비용이 발생한다. 이러한 비용은 모두 도서의 제조와 관련된 원가로 재고자산(책)의 원가가 된다. 이 과정을 회계처리로 나타내면 다음과 같다.

	· 비용이 발생할 때의 회계처리			
(차)	지급수수료(제조원가) 000	(대)	예금 000	←기획 관련 비용
(차)	급여 등(제조원가) 000	(대)	예금 000	←편집 및 디자이너 인건비
(차)	지급수수료(제조원가) 000	(대)	매입채무 000	←종이, 인쇄비 및 제본비 등

	· 결산 시 제조원가를 재고자산(제품)화하는 회계처리			
(차)	재고자산 000	(대)	지급수수료(제조원가) 000 급여 등(제조원가) 000	←결산 시점에 완성품은 제품재고자산으로, 미완품은 재공품재고자산으로 대체분개함.

부가가치세 과세업종인 지업사(종이)나 인쇄소, 제본소 등과의 거래에서 발생하는 매입부가가치세는 면세업인 출판업에서는 매입세액 공제가 되지 않으므로 회계처리할 때 매입부가가치세를 구분 표시하지 않고, 지급수수료 항목에 포함하여 회계처리한다. 도서 제작과정에서 발생한 매입부가가치세는 도서제조원가로 회계처리하여 재고자산에 포함되는 반면, 판매관리와 관련된 매입부가가치세는 발생할 때 지급수수료 등 판매관리비 항목으로 회계처리한다.

편집이나 디자인 등의 인건비나 용역비를 지급할 때는 원천세(근로소득세, 보험료, 사업소득세 등)를 떼어 예수금으로 회계처리한 후 세무서 등에 신고·납부한다.

서점 판매 및 반품, 결산 시의 회계처리

서점 등에서 주문을 받고 도서를 납품할 때는 서점과의 계약에 따른 납품가로 납품하면서 매출이 발생한다. 서점과의 거래는 대부분 외상거래이므로 다음과 같이 회계처리한다.

(차)	외상매출금(또는 현금) 000	(대)	매출 000 ←서점 납품가 금액

서점과의 판매계약은 반품조건부 판매이므로, 서점에서는 약정에 따라 반품하게 된다. 이때의 회계처리는 다음과 같다.

(차)	매출 000	(대)	외상매출금 000 ←반품 금액

결산할 때는 차기 이후 반품이 예상되는 도서 금액을 추정한 뒤 반품충당금을 설정하여 매출금액을 조정하는 회계처리를 하게 된다.

(차)	매출 OOO	(대)	반품충당금 OOO ←평균반품율에 근거하여 반품예상 금액만큼 매출 감소 및 반품충당금 설정

장기 미판매도서를 폐기할 때의 회계처리

1년 이상 장기간 판매되지 않아 도서를 폐기할 때의 회계처리는 다음과 같다.

(차)	재고자산 폐기손실(매출원가 또는 영업외비용) OOO	(대)	재고자산 OOO

정상적인 폐기도서는 매출원가에, 그렇지 않으면 영업외비용 항목으로 처리한다.

재고자산의 측정과 평가

'재고자산'이란 판매를 위하여 보유(제품 또는 상품)하거나 생산과정에 있는 자산(재공품), 생산 또는 서비스 제공과정에 투입될 원재료나 소모품 형태로 존재하는 자산을 말한다.

출판사에서 재고자산은 완성된 도서(제품)와 편집 중이거나 인쇄·제본소에서 제작과정에 있는 도서(재공품), 그리고 투입될 예정인 종이(원재료) 등이다. 이들 재고자산은 출판사에서 가장 중요한 자산이고 비중도 적지 않다. 재고자산의 취득원가(장부에 계상하는 금액)는 구입원가(매입원가) 또는 제조원가를 말한다. 특히 도서의 제조원가 측정은 도서의 가격책정이나 매기 경영성과 평가, 재무상태(자산과 부채 금액) 평가에 매우 중요하다.

종이와 같이 외부에서 매입하는 원재료는 종이 종류별 매입원가가 있고, 기말 현재 남은 종이 종류와 수량으로 기말 재고금액을 측정할

 출판 회계·세무 실전 가이드

수 있다.

하지만 출판사가 제작하는 도서의 취득원가, 곧 도서의 제조원가는 어떻게 측정할까? 이를 위해서는 회계상 제조원가의 흐름을 먼저 알아야 한다.

제조원가명세서 (제조 단계)		손익계산서 (판매 단계)	재무상태표 (기말 표시)
당기 투입	제조공정	당기판매분 원가계산	1. 유동자산
• 원재료(종이, 잉크 등)	전기이월기초재공품	기초제품재고	1) 당좌자산
• 노무비(편집, 교정, 디자인 등)	(+)당기총제조비용	(+)당기제품제조원가	2) 재고자산 　(1) 제품재고
	(-)기말재공품	(-)기말제품재고	(2) 재공품
• 경비(인쇄, 제본, 인세 등)	(=)당기제품제조원가	(=)매출원가	(3) 원재료

도서라는 제품 제조과정에서 원재료와 노무비, 경비 등이 투입되면 당기제조비용인 재공품(제조과정에 있는 미완성품)이 되고, 전기이월재공품과 합한 후 기말재공품(미완성품) 금액을 차감하면 당기 완성된 제품의 제조원가가 된다.

또 위 표의 손익계산서 매출원가 계산구조를 보면 기초제품재고와 당기제품제조원가를 합한 금액은 당기에 판매가능한 제품재고에 해당하고, 여기서 기말제품재고를 차감하면 당기 판매된 제품원가, 곧 매출원가가 된다.

아직 제조과정에 투입되지 않은 원재료, 그리고 제조공정에 있는 기말재공품, 기말제품재고자산은 결산상 재무상태표의 재고자산 항목에 표시된다.

도서제조원가를 좀 더 세부적으로 살펴보면 다음 표와 같이 직접제조원가와 간접제조원가로 구분할 수 있다.

구분	직접제조원가	간접제조원가
종류	① 직접재료비 - 종이 구입 비용(내지, 표지 종이 등) - 잉크 및 기타 인쇄 재료 - 표지용 특수자재(코팅, 금박, 에폭시 등) ② 직접노무비 - 해당 도서제작 관련된 인건비 ③ 직접 경비 - 인쇄비 - 제본비(박 처리, 코팅, 접지 등 후가공비) - 디자인 외주비 - 해당 도서제작 부수 기준 인세 또는 개발비 등	① 인건비 - 편집부 등 도서제작 관련 부서에서 일하는 임직원의 인건비(급여, 상여, 퇴직금, 복리후생비 등) ② 감가상각비 - 도서제작 관련 부서에서 사용하는 컴퓨터, 소프트웨어 등 감가상각비 ③ 기타 경비 - 사무실 임대료 등
원가 측정	도서별로 투입된 직접원가로 측정	발생한 간접원가를 적정한 기준에 따라 도서별로 배분

도서별 제조원가를 계산할 때 직접제조원가는 투입된 원가 금액 전액을 포함하고, 간접제조원가는 해당 도서에 해당되는 금액만 적정한 안분 기준에 따라 배분한 뒤, 이 둘을 합하여 도서제작부수로 나누면 권당 제조원가를 계산할 수 있다.

또 초판 제작원가는 투입된 편집비나 디자인비 등 초기 고정비가 많아 비교적 높게 측정되지만, 재판, 삼판 제작원가는 해당 고정비용이 발생하지 않거나 미미하므로 비용이 낮아진다. 또 경비는 시기별로 가격변동에 따라 금액이 달라지므로 동일한 도서라 하더라도 한 부당 제작원가는 찍는 쇄version 별로 차이가 날 수 있다.

따라서 출판사의 매출이 발행한 도서의 초판부수 수준에서 지속되면 이익은 작거나 손실이 발생할 여지가 높고, 장기미판매 도서가 증가하여 보관비 등 물류비 부담이 커질 수 있다. 이럴 때는 정기적으로 안 팔리는 체화재고dead stock를 폐기하여 정리하는 것이 좋다. 반면 베스트셀러나 스테디셀러가 많을수록 출판사의 이익이 커지는데, 쇄

출판 회계·세무 실전 가이드

를 거듭할수록, 부수를 한꺼번에 많이 찍을수록 초판에 비해 재판 제
조원가가 낮아지기 때문이다.

세무상 유의사항

세무상 매출은 도서 납품, 판매 등 실물거래에 따라 발생하며 반드
시 계산서 등 매출 증빙을 발행해야 하고, 반품 발생 시 (-)수정계산
서를 발행한다. 회계상 반품충당금은 실물거래가 아니라 평가 과정으
로, 해당 금액은 회계상으로는 비용이지만 세무상으로는 비용이 아니
다. 이 때문에 원칙적으로 보면 회계상 매출액과 세무상 매출액은 반
품충당금만큼 차이가 발생하게 된다. 회계결산서를 바탕으로 법인세
신고를 할 때 세무조정을 통해 반품충당금만큼 매출을 증가시켜 신고
해야 한다.

또한 도서를 폐기할 때는 폐기에 따른 증빙을 갖추어야 한다. 폐기
도서 목록과 수량, 해당 도서의 원가, 폐기업체와의 거래내역 및 폐기
사진 등. 재고자산 폐기에 따른 손실금액에 대해 세무서의 소명 요청
을 받을 수 있기 때문이다.

인세는 제조원가일까, 판매관리비일까?

출판사의 중요한 비용 중 하나는 원고를 집필한 저자에게 지급하는
인세다. 인세는 제조원가에 속할까, 판매관리비에 속할까? 만약 제조
원가라면 제조원가명세서를 거쳐 재고자산에 포함되어 매출이 발생
할 때 손익계산서상의 매출원가로 비용화된다. 하지만 인세가 판매관
리비에 속하면 지급하기로 한 시점에 손익계산서상의 지급수수료 항

목으로 비용처리한다. 그렇다면 구분 기준은 무엇일까? 저자와의 인세 계약 조건에 따라 달라진다.

제작부수와 연계한 인세

가령 저작권 계약서상 도서의 제작부수에 연계하여 인세를 지급하기로 한 경우, 해당 도서를 제작할 때 투입된 원가로 보아 제조원가에 속하는 지급수수료가 된다. 이렇게 되면 지급한 인세만큼 재고자산 금액이 증가하고, 해당 도서를 판매할 때 매출원가로 비용처리된다.

- 선인세 지급: 선급금 처리 → 제작 시에 지급수수료(제조원가) → 제품(재고자산) → 매출원가(비용)

판매부수와 연계한 인세

반면 계약서상 인세를 판매부수와 연계하여 지급하기로 한 경우, 해당 인세는 도서판매 기간의 지급수수료 항목으로 비용처리된다.

- 선인세 지급: 선급금 처리 → 판매 후에 지급수수료(판매관리비) 처리

일반적으로 국내 저자든 외국 저자든 간에 인세 계약은 보통 후자와 같은 판매 인세계약이 대부분이지만 유명 저자 중에 간혹 전자와 같은 제작부수 기준으로 인세 계약을 하기도 한다.

선급금 과다 시의 회계

저작권 계약 시 선인세 선급금을 지급했는데 해당 도서의 판매 부진으로 절판하는 경우, 그동안 발생한 총인세가 선급금액에 미달하면 해당 차액은 판매가 중단된 기간에 선급금처분 손실로 비용처리한다.(저자에게 차액을 돌려받지는 못한다.)

미지급 인세

도서매출이 발생했는데도 저작권 계약에 따른 인세지급 시점에 이를 지급하지 못하면 해당 금액만큼 미지급금으로 회계처리하고, 이후 인세를 지급할 때 상계한다.

세무상 유의사항

인세는 부가가치세 과세대상일까, 아닐까?

인세를 지급받는 저자의 상황에 따라 달라진다. 만약 저자 '개인이 물적시설(사무실) 없이 근로자를 고용하지 않고 독립된 자격으로 용역을 공급하고 대가를 받는 경우'에는 '인적용역 사업소득'으로 보아 부가가치세를 면제하기 때문에 원천세 신고만 하면 된다.

원천세 신고는 원칙적으로는 인세를 지급한 달 다음 달 10일까지(반기신고는 7월 10일과 1월 10일까지) 해야 한다. 그런데 해당 인세가 발생했는데도 지급하지 않은 미지급인세에 대해서는 어떻게 해야 할까?

(다음 해까지 지급하지 않은) 미지급인세 중 그 해 11월분까지 발생한 것은 12월 말에 지급한 것으로 보아 1월 10일까지, 12월 해당분은 다음 해 2월 말에 지급한 것으로 보아 3월 10일까지 원천세 신고를 해야 한다.

반면 저작권자가 단체이거나 저자가 사무실을 갖추고 직원을 고용해 저작권료를 지급받는 경우에는 해당 인세는 부가가치세 과세대상이 된다. 이때 저작권자는 사업자등록을 하고, 세금계산서를 발행하는 것이 원칙이다. 그렇지 않으면 소득을 지급하는 자가 부가가치세 대리납부를 해야 한다.(외국 작가 저작권 인세는 세무 부문 122쪽에서 설명)

증정도서는 어떻게 회계처리할까?

출판사는 다양한 이유로 도서를 증정하는데, 도서 증정의 성격에 따라 회계처리가 달라진다.

증정도서의 성격에 따른 계정과목 구분

- 계약서상 제공하기로 한 도서의 증정일 때: 인세의 일부로 보아 해당 도서의 시가 해당액(또는 계약서상의 저자 약정가액)을 지급수수료로 처리
- 저자의 요청에 따라 추가로 증정할 때: 무료로 증정하는 때는 도서의 시가 해당액을 업무추진비(접대비)로 처리하고, 유료로 증정하는 때는 해당 도서의 시가 해당액(또는 저자 약정가액)을 매출로 처리
- 공공기관이나 사회복지법인 등에 기부할 때: 해당 도서의 장부가(원가)를 기부금으로 처리, 특수관계자 또는 비지정기부금에 해당하면 시가 해당액을 기부금으로 처리
- 언론사 또는 평론가 등에게 제공할 때: 해당 도서의 장부가 해당액을 광고선전비로 처리

세무상 유의사항

증정도서의 성격에 따라 계정과목이 달라질 수 있는데, 업무추진비(접대비)나 기부금에 해당하면 세법상 비용(손금이라 함)으로 인정되는 연간 한도가 정해져 있으므로, 해당 한도 내에서만 세법상 비용으로 인정된다. 업무추진비나 기부금의 연간 세법상 비용 한도를 표로 정리하면 대략 다음과 같다.

출판 회계·세무 실전 가이드

기업 업무추진비(접대비)	기부금
• 연간 한도 = ① 기본 한도 + ② 수입금액 별 한도 + ③ 추가 한도 ① 기본 한도 일반기업: 1200만 원 중소기업: 3600만 원 ② 수입금액별 한도	

수입금액 구간	한도
100억 원 이하	0.3%
100억 원~500억 원	0.2%
500억 원 초과	0.03%

③ 추가 한도
문화업무추진비 사용액((①＋②)의 20% 한도) + 전통시장기업업무추진비 사용액 ((①＋②)의 20% 한도)

법정기부금	지정기부금
국가, 지방자치단체, 법률에 의해 설립된 공익법인 등에 기부(국립도서관 기부, 법정 문화재단 후원금)	공익법인이나 종교단체에 기부(문화예술 지원 재단, 사회복지공동모금회, 교회 등)
소득금액 범위에서 전액 손금 인정(한도 없음)	법정기부금 차감 후 소득금액 × 10% 범위 내 손금 인정

따라서 절세 목적으로 증정도서에 대한 회계처리를 기부금이 아니라 지급수수료 등으로 처리하면 세무상 불이익, 곧 기부금 한도를 초과하는 금액에 대한 법인세(가산세 포함) 등을 추가로 부담하는 불이익이 발생할 수 있음에 유의해야 한다.

도서개발비의 회계처리

출판사에서는 다양한 도서기획을 하는데, 시리즈물은 개발하는 데 큰 금액을 투입하기도 한다. 도서기획과 관련하여 발생한 지출에 대한 회계처리를 정리해본다.

기획 및 도서개발 관련하여 비용이 발생한 경우

해당 비용은 일차적으로 무형자산에 해당하는 개발비 계정과목으로 처리한다.

(차)	개발비(무형자산) 000	(대)	예금 등 000

해당 도서를 제작하여 판매하는 경우

위에서 인식한 개발비(무형자산)를 해당 도서의 판매기간에 걸쳐 상각하고, 해당 상각비는 제조원가의 경비로 처리한다.

(차)	개발비상각액 000	(대)	개발비(무형자산) 000

기획 진행 중간에 포기한 경우

진행 중인 기획이나 도서개발이 여러 가지 이유로 중단되면 이미 계상한 개발비(무형자산) 전액을 연구개발비(판매관리비)로 비용처리한다.

(차)	연구개발비 000	(대)	개발비(무형자산) 000

세무상 유의사항

개발비는 세무상으로는 전액 비용처리해도 상관없지만, 회계상으로는 개발비의 성격에 따라 자산 또는 비용으로 처리되어 그 차이가 발생할 수 있다. 연도별 회계상 이익 대비 세무상 소득이 작고, 둘 사이의 격차가 매년 세무당국이 정한 기준을 초과하면, 특이한 현상으로 분류하여 세무당국의 관리대상이 될 수 있다는 점에 유의하자.

출판 회계·세무 실전 가이드

전자책의 회계처리

전자책은 디지털로 유통되고 실물재고자산이 없으므로 전자책의 회계처리는 종이책의 경우와 다르다. 전자책의 제조에 투입된 원가는 앞서 설명한 개발비와 유사한 회계처리를 한다고 보면 된다.

전자책 제조원가를 전액 비용처리하는 경우

전자책이 무료배포용이거나 단권일 때, 수익성이 불확실하고 제작원가가 소액이면 외주용역비나 인세, 급여, 복리후생비 등 원가가 발생할 때 즉시 전액 비용처리하는 것이 합리적이다.

전자책 제조원가를 개발비로 자산화한 후 상각하여 비용처리하는 경우

하지만 유상 판매목적의 전자책으로서 수익성이 확실하고, 원가 측정이 가능하고, 제작원가가 크면 전자책 제조비용을 무형자산인 개발비로 자산화한 뒤 합리적인 판매가능기간(3년~5년) 동안 무형자산상각비로 비용처리하는 게 합리적이다.

그렇지 않고 발생 즉시 비용처리하면 '수익-비용' 대응 원칙에 어긋나고, 경영성과를 측정하는 데 왜곡이 발생할 수 있다.

전자책의 판매 또는 대여에 따른 플랫폼 수수료

전자책은 보통 '밀리의 서재'나 '리디북스', '유페이퍼' 같은 플랫폼을 통해 독자에게 판매하거나 대여됨으로써 수익이 발생하는데, 이때 출판사는 플랫폼업자에게 수수료를 지급한다. 이 수수료는 판매관리비의 지급수수료로 처리한다.

세무상 유의사항

세무상으로는 전자책 관련 개발비를 전액 비용처리해도 무방하다. 하지만 이때 경영성과 평가에 왜곡이 발생할 수 있다. 또 그 금액이 크면 과세소득의 연도별 변동이 커져 과세당국의 주목을 받기 쉽다는 점에 유의한다.

저작권과 출판권에 대한 회계처리

저작권

저작권은 저작인격권과 저작재산권을 말한다.

저작인격권은 저작물에 대한 공표권, 성명표시권, 동일성유지권 등 저자의 일신에 귀속되는 권리로, 법적으로 저작자의 인격을 보호하기 위한 권리이므로 양도나 포기가 불가하고, 사망 후에는 상속인이 일정 범위 내에서 보호가 가능할 뿐이므로, 회계나 세무 대상이 아니다.

반면 저작재산권은 복제권, 배포권, 대여권 등 저작자의 저작물에 대한 경제적 권리이므로 매매나 증여, 상속 등이 가능하므로 회계와 세무의 대상이 될 수 있다.

출판사가 저자로부터 저작권을 양도받거나 증여, 상속받으면 이 저작권은 저작재산권을 말하며, 그 공정가치를 무형자산으로 장부에 계상한 후 저작권의 법적 유효기간 동안 무형자산 감가상각비로 비용처리한다.

저작재산권을 양도할 때도 무형자산의 처분과 같이 회계처리하면 된다.

출판권

출판권은 저자가 계약을 통해 자신의 저작물을 인쇄 등의 방법으로 출판할 권리를 출판사에 설정해준 권리로, 출판권자인 출판사가 갖는 권리를 말한다. 출판권은 저작재산권에 의한 것이므로 저자의 허락하에 대여나 양도가 가능하다.

이때 출판권을 어떻게 회계처리할까?

저작자로부터 출판권을 양도 또는 증여 또는 이용계약에 의하여 취득했을 때 각각의 회계처리는 다음과 같다.

- 유상 양도받은 경우: 해당 출판권을 양도 대가만큼 무형자산으로 계상한 뒤 법적 유효기간 동안 상각한다.

- 증여받은 경우: 해당 출판권을 공정가치로 무형자산 계상하고, 해당 금액만큼 자산 수증이익으로 인식한 다음, 법적 유효기간 동안 상각한다.

- 이용계약에 따라 취득한 경우: 기한 전체에 걸쳐 이용권 금액을 지급한 경우 무형자산으로 처리한 후 상각하고, 1쇄분에 해당하는 금액을 계약금으로 수령한 경우 선급금으로 처리한 뒤, 판매 시에 비용처리하고, 추후 이용권 대가는 판매관리비로 처리한다.

제3장

출판업 세무,
A부터 Z까지

회계
세무
출판

세무란 무엇인가?

세무는 회계와 관계가 깊지만 조금 다른 영역이다. 회계가 이해관계자의 의사결정에 필요한 정보를 제공하기 위해 '기업의 모든 거래를 기록하고 정리하여, 기업의 재무상태와 경영성과를 실질에 맞게 공시하는 데 목적'을 둔다면, 세무는 '국가의 재정정책 및 세법에 따라 기업활동에 따른 거래와 발생한 소득에 대해 부과되는 다양한 세금을 신고하고 납부하는 절차'다. 회계가 회사와 이해관계자를 위한 경영의 언어라면, 세무는 정부와 국민을 위한 조세행정의 언어라고 할 수 있다.

우리나라의 세금은 조세법률주의 원칙에 따라 국회의 조세입법을 통해 과세되고, 국가 재정 목적에 따라 국세와 지방세, 직접세와 간접세 등 다양한 세목으로 구분된다.

출판인이 모든 세금을 다 알 필요는 없다. 다만 출판인이 반드시 알아야 할 기본 세목은 다음 세 가지다. 부가가치세, 원천징수세 또는 종합소득세, 법인세다. 이를 간략하게 설명하면 다음 표와 같다.

세목	설명	신고 시점	
부가가치세	재화와 용역을 공급할 때 부과되는 소비세(면세재화와 면세용역은 부가가치세 신고·납부 제외)	법인사업자	분기별(4/25, 7/25, 10/25, 1/25)
		개인사업자	반기별(7/25, 1/25)
원천징수세	임직원 급여, 저자 인세, 기타 외주용역비를 지급할 때 미리 징수하여 신고·납부하는 세금 → 이후 개인별로 근로소득은 연말정산, 기타소득이나 사업소득은 종합소득세 신고를 하여 정산하게 된다.	종업원 20명 초과	매 지급일 다음 달 10일까지
		종업원 20명 이하	연간 두 차례 (7/10, 1/10)
종합소득세	개인사업자의 1년간 열거된 소득에 대한 세금[사업소득(부동산임대소득 포함), 근로소득, 금융소득, 연금소득, 기타소득 등 열거된 소득]	개인사업자	매년 5/31 또는 6/30 (성실신고대상사업자)
법인세	법인사업자의 1년간 모든 소득에 대한 세금	법인사업자	사업연도 종료 후 3개월 또는 4개월 (성실신고대상사업자)

위 세금들은 출판인이 회사를 경영하면서 매년 주기적으로 신고·납부를 해야 하는 필수적인 것이다. 이 세금들을 이해하고 제대로 관리하지 못하면, 납부지연가산세, 신고불성실가산세 등 예상치 못한 비용이 발생할 수 있으므로 항상 주의해야 한다. 아마 대부분의 출판인은 위 세금의 신고와 납부를 외부 세무대리인을 통해 진행하기에 그 내용을 이해하거나 수치를 알고 있는 경우는 드물 것이다.

회계와 세무 분야는 전문성이 필요하고, 자칫 잘못 회계처리하거나 신고하면 감독 당국과의 불필요한 마찰과 경제적 손실을 야기하므로 전문가에게 의뢰하는 것이 맞기는 하다. 그럼에도 회계의 기본적인 개념, 세금 종류와 대략의 금액을 숙지하는 것이 경영상의 의사결정에 필수적이라고 할 수 있다.

2

개인출판사와 법인출판사, 어느 쪽이 유리한가?

출판사는 도서의 제조 및 판매를 통해 영리를 추구하는 사업체다. 학술, 문화, 자선 등 비영리활동을 하는 조직이 아니라 영리사업을 수행하기 위해서는 세법상 반드시 사업자등록을 해야 한다.(비영리법인이 출판업을 영위할 때도 수익사업개시신고를 하면서 사업자등록을 해야 한다.) 이때 사업자 유형은 크게 두 가지다. 하나는 개인사업자(공동사업자 포함)이고, 또 하나는 법인사업자다.

개인출판사

개인출판사는 사업을 영위하는 주체가 자연인 개인(동업자 포함)인 사업자를 말한다. 보통 출판사를 처음 시작할 때 대부분이 취하는 사업자 유형이다.

출판업은 사업자등록으로부터 시작하는데 출판사 사업자등록 절차는 크게 두 단계를 밟아야 한다. 먼저 시군구청에 출판사등록 신고(출판사 이름과 소재지, 대표자의 성명과 주소 등)를 한 다음 주소지 관할 세무서에서 사업자등록을 하는 절차를 밟아야 한다.

출판사등록과 신고확인증 발급(시·군·구청)

출판사등록을 하려면 출판사 이름과 사업장 주소지를 정한 뒤 주소지 관할 구청 문화체육과에 방문해 출판사 신고를 한다. 출판사 이름은 다른 회사와 중복되지 않는 이름을 정해야 한다. 문화체육관광부 사이트의 출판사/인쇄사 검색시스템에서 출판사명 중복 여부를 확인할 수 있다. 그리고 출판사가 활동할 주소지를 정한다.(주소지는 자가사무실 또는 타가임차사무실 모두 가능하며, 그에 따른 임대차계약서 등이 필요하다.)

이 과정은 개인출판사나 법인출판사 모두 동일하다.

출판사등록 시에는 신고와 함께 출판사등록 면허세(27,000원)를 납부하고, 출판사신고확인증을 수령한다.

사업자등록(관할 세무서 또는 홈택스)

사업자등록을 하려면 관할 구청에서 수령한 출판사신고확인증, 신분증, 사업자등록신청서를 지참해 관할 세무서에 방문하거나, 국세청 홈택스 사이트에서 사업자등록을 신청한다. 이때 출판업은 부가가치세 면세사업에 해당하므로 면세사업자로 등록하는데, 굿즈 등을 판매하거나 향후 정부(공공기관) 용역사업을 염두에 두는 등 과세사업을 겸할 때는 일반과세사업자로 등록한다.

이렇게 사업자등록 신청을 하면 곧바로 해당 세무서에서 사업자등록증을 발급받을 수 있다.

   출판 회계·세무 실전 가이드

사업자등록번호는 10자리 숫자(000-00-00000)로 구성되며, 세무
서에 사업자등록 시 부여된다. 번호의 의미를 살펴보면, 앞 세 자리
는 일련번호로 신규 사업자에게 순차적으로 부여되는 번호이고, 중
간 두 자리는 개인과 법인, 과세와 면세, 영리와 비영리 법인, 본점과
지점을 구분하는 번호이며, 뒤 다섯자리는 사업자등록 당시 세무서
번호와 일련번호를 포함하여 사업자 고유식별번호로 사용된다. 참
고로 면세사업자인 개인출판사는 중간 두 자리로 90~99를 부여받
는다.

개인사업자의 장단점

개인사업자는 회계관리가 단순하고, 회사의 자금 사용에 제약이 없
어서 비교적 초기 회사에 유리하다. 하지만 규모가 커지고 매출이나
이익이 늘어나 세금 절세가 중요하거나 사업의 규모를 더 키우기 위
해 자금조달이 필요할 때는 법인이 유리하다.

개인출판사는 매출이 커지고 소득이 커지면 법인출판사보다 세율
면에서 불리해지고*, 매해 세금 부담에 융통성이 없어서 현금흐름에
불리해질 수 있으므로 법인 전환을 고려해야 한다.

---

* 뒤에서 자세히 설명하겠지만 대략의 기준으로 보면 매년의 소득(과세표준) 기준
으로 1억 원이 넘어가면 개인사업자가 법인사업자에 비해 세금 부담 면에서 불리해
진다고 할 수 있다.

법인출판사

법인출판사 등록

법인출판사는 출판업을 영위하는 주체가 법적으로 인격을 부여받은 법인法人인 사업자를 말한다. 출판사를 법인 형태로 운영하려면 법인설립 등기를 먼저 진행한 뒤에 앞에서 설명한 개인사업자 등록처럼 출판사신고 및 사업자등록 절차를 거쳐야 한다.

법인출판사 사업자등록 절차를 순서대로 정리하면 다음과 같다.

1. 법인 설립

법인출판사를 운영하려면 법인 설립 등기가 우선이고, 그 절차는 다음과 같다.

① 법인 설립 준비

회사명, 사업 목적(출판업), 주소, 정관 작성 등 기본 정보 결정, 출자금(자본금) 준비, 대표이사 및 임원 정보 준비.

② 법인 설립 등기

주소지 관할 등기소 또는 인터넷등기소에서 설립 등기를 신청하여, 등기가 완료되면 법인은 법적 지위를 얻게 됨.

2. 시군구청에 출판사등록, 출판사신고확인증 발급

법인출판사도 문화체육관광부나 관할 지자체에 출판사등록을 진행한다. 출판사등록 시 필요서류는 다음과 같다.

법인인감증명서, 법인등기부등본, 법인인감도장, 사업장임대차계약서, 대표자 신분증 등을 가지고 출판사등록 후 출판사신고확인증 수령.

출판 회계·세무 실전 가이드

3. 세무서에서 사업자등록증 발급

마지막으로 관할 세무서 또는 국세청 홈택스에서 사업자등록을 신청하고, 사업자등록증을 발급받는다. 이때 필요한 서류는 법인등기부등본, 법인인감증명서, 법인대표자 신분증, 사업장임대차계약서 또는 소유권 증명서, 출판사신고확인증 등이다.

개인출판사에서 법인출판사로 전환할 때도 법인 설립 절차는 동일하다.

법인사업자의 장단점

법인사업자는 출판사 운영에 필요한 투자를 유치하거나 대외적으로 신뢰를 높여야 할 때 또는 매출 급성장으로 세금 부담이 커질 것으로 예상될 때 택하는 사업자 유형이다.

법인사업자는 개인사업자에 비해 대표의 급여를 비용으로 처리하거나 이익을 유보한 후 사후에 배당으로 소득을 분산 지급할 수 있어 절세 효과와 세금에 대한 융통성이 크다.

이에 비해 개인사업자는 대표의 급여가 비용으로 인정되지 않고, 결산상의 이익 전체가 연봉 또는 사업소득이 되어 상대적으로 과세소득이 커지고, 또 한 해에 발생한 사업소득 전체에 대해 소득세를 부담해야 하므로 세금의 융통성이 없다. 이 때문에 개인출판사의 과세소득이 커지면 세금 면에서 법인으로 전환하는 게 유리하다.

다시 말해 법인사업자는 대표의 급여를 비용처리할 수 있어서 법인세 과세소득의 크기를 낮출 수 있고, 잉여금을 유보하여 유리한 시기에 배당소득을 지급할 수 있는 융통성이 있다. 또 과세구간과 세율 면에서 개인사업자에 비해 유리하다. 곧 과세소득의 분산(근로소득, 법인소득, 배당소득 등)과 낮은 세율 적용으로 세금 부담을 줄일 수 있다.

하지만 법인사업자가 되면 특수관계자(주주, 임직원 등) 간 자금거래는 반드시 급여나 자금대여 등의 세법상 유효한 절차를 밟아야 하며, 그렇지 않은 가지급금 등에 대해서는 세무적 불이익이 크다는 점에 유의해야 한다. 곧 법인의 자금을 특수관계자가 사용하거나 무상으로 빌려줄 때 해당 자금을 가지급금이라 하여 인정이자를 부담하고, 차입금이 있으면 가지급금 상당액의 이자비용은 세무상 비용으로 인정받지 못한다. 또 가지급금을 제때 상환하지 않으면 해당 금액을 대표이사에게 지급한 것으로 보아 상여금 지급으로 간주하여 근로소득세를 추가납부하는 불이익을 당할 수 있다.

개인사업자와 법인사업자의 장단점 비교

구분	개인사업자	법인사업자
설립 절차	사업자등록만으로 설립이 되므로 간단하다.	발기인 구성, 정관 작성, 설립 등기 등의 법적인 절차로 설립이 복잡하며, 그에 따른 비용도 부담해야 한다.
회사의 영속성	대표자가 바뀌면 폐업을 하고, 신규로 사업자등록을 해야 하므로 기업의 영속성이 없다.	주식 양도로 사업의 양도가 가능하므로 기업주가 바뀌더라도 기업의 계속성이 유지된다.
자본의 조달	대표자 개인의 자본에만 의존하게 되므로 자본 모집에 한계가 있다.	주식 발행 등을 통하여 타인 자본을 조달할 수 있으므로 개인 기업에 비해 자금조달이 용이하여 기업 규모를 키우기에 유리하다.
대외신용도	대표자 개인이 경영하므로 경영투명성에 대한 신뢰도가 낮다.	대표자, 임직원, 주주 등 회사 이해관계자들의 상이한 요구로 경영투명성에 대한 대외신용도가 높다.

출판 회계·세무 실전 가이드

대표자 또는 주주의 책임	대표자는 채무에 대하여 무한책임을 진다.	대표자는 회사 운영과 관련하여 책임을 지며, 주주는 출자금을 한도로 법인 채무에 대해 유한책임을 진다.
대표자와 회사의 자금거래	대표자의 기업 자금 사용이 자유롭고 거의 불이익이 없다.	대표자가 개인 용도로 회사자금 사용 시 인정이자 또는 공금유용 등의 책임을 져야 하는 등 세제 또는 법률상 불이익이 있다.
소득세·법인세	대표자 급여는 비용처리가 안 되고, 세율구조가 다르므로 절세 측면에서는 불리하다. 단 법인에 비해 세무 관리가 느슨하므로 사후관리대상이 될 염려가 적다.(단 성실신고대상자가 되면 세무 관리 엄격)	대표이사 급여 등이 비용처리되고, 과세소득이 커질수록 세율구조가 개인사업자보다 유리하여 절세 측면에서 훨씬 유리하다. 다만 세무 당국의 세무 관리가 엄격하여 이로 인한 추가적인 세금 부담이 생길 수 있다.
장부의 기장	모든 개인사업자가 의무적으로 기장을 해야 하는 것은 아니다.	모든 법인사업자는 의무적으로 복식부기로 장부를 작성해야 하며, 기장의무를 이행하지 않으면 불이익이 있다.
관리·운영비	최소한의 필요한 관리 기능만 유지하면 되므로 비용이 적게 들며 휴업, 폐업, 이전 등이 자유롭고 비용이 들지 않는다.	법인으로서 기본적으로 유지해야 할 비용(법무비용, 회계비용 등)이 더 많이 소요되며, 출자금 증감 등 모든 변경은 법적인 절차를 수반한다.
사업 양수도 시 세금	사옥건물 양도 시 양도된 영업권, 부동산에 대하여 높은 양도소득세(최고 세율 49.5%)를 부담한다.	주식을 양도하면 되고, 낮은 양도세율(22%)을 부담하며, 주식 상장 후 양도하면 더욱 유리하다.
결론	일정 규모 이하 소규모 사업을 유지하기에 적합하고, 매출증가 시 성실신고대상자가 되기 전에 법인으로 전환하는 것이 유리하다.	일정 규모 이상 성장성이 높으면 처음부터 법인으로 출발하는 것이 적합하다.

개인사업자와 법인사업자의 세금 비교

개인사업자가 부담하는 소득세와 법인사업자가 부담하는 법인세의 과세구간과 세율을 비교하면 다음 표와 같다.

구분	과세표준	세율 및 계산식	구분	과세표준	세율 및 계산식
소득세	1400만 원 이하	6%	법인세	2억 원 이하	10%*
	5000만 원 이하	15%-126만 원		200억 원 이하	20%-2000만 원
	8800만 원 이하	24%-576만 원		3000억 원 이하	22%-4억2000만 원
	1억5000만 원 이하	35%-1544만 원		3000억 원 초과	25%-94억2000만 원
	3억 원 이하	38%-1994만 원			
	5억 원 이하	40%-2594만 원			
	10억 원 이하	42%-3594만 원			
	10억 원 초과	45%-6594만 원			

* 부동산임대업을 주된 사업으로 하는 소규모 법인(임대수익 등 비중 50% 이상, 지배주주지분 50% 초과, 상시근로자 5인 미만 법인)에 해당하면 이 구간도 20% 세율 적용함. 가족법인이라고도 한다.

위 표에서 알 수 있듯이 개인사업자와 법인사업자의 세금 계산구조를 비교하면 우선 과세표준 구간에서 개인은 법인보다 폭이 촘촘하고, 세율의 누진구조가 급격하게 높아짐을 알 수 있다. 단순히 과세구간과 세율을 비교하면 개인은 소득이 5000만 원을 초과하면 15% 세율을 부담하는 반면 법인은 2억 원까지는 10% 세율을 부담하므로, 법인이 유리함을 알 수 있다.

물론 두 사업자의 세금을 위 표만으로 단순히 비교할 수는 없다. 좀 더 현실적인 상황을 고려하여 세금이 어떠한지 비교해본다.

매출과 비용구조가 동일한 사업자가 각각 개인사업자 및 법인사업자일 경우 총 부담하는 세금을 비교해보자.(매출은 10억 원으로 동일하고, 비용구조도 동일하다고 가정한다.)

개인사업자는 소득세법에 의한 세금 계산구조를 따르고 법인사업자는 법인세법에 의한 세금 계산구조를 따른다.(각 세법의 세금 계산구조는 102쪽, 106쪽 참조)

또 법인사업자는 경영자의 급여가 비용처리된다. 개인사업자와 달리 법인사업자는 총소득을 법인 소득과 경영자 소득으로 나눌 수 있다. 이렇게 되면 과세표준이 낮아져 적용 세율이 낮아지게 되어 법인세 절세가 가능하다. 소득세와 법인세 계산 시 과세표준 구간과 세율이 다르다.

이런 차이에 따라 동일한 경영성과를 바탕으로 두 사업자의 세금을 비교해본다.

구분	개인	법인
매출	10억 원	10억 원
제비용	5억 원	5억 원
개인소득공제/ 주주대표자급여	3000만 원(개인소득공제)	2억 원(주주대표자 급여)
과세표준	4억7000만 원	3억 원
소득세/법인세	1억7800만 원(한계세율 44%)	4400만 원(한계세율 22%)
근로소득세 등		4900만 원(대표자 급여(2억 원)에 대한 근로소득세 한계세율 41.8%)
이연세액		4400만 원(잉여금을 매년 2000만 원씩 배당한다고 가정해 배당세액 15.4% 적용 시)
실질소득	3억2200만 원 (= 5억원 − 1억7800만 원)	3억6300만 원 (= 5억원 − 1억3700만 원)

두 사업자가 발생한 매출과 관련하여 부담하는 전체 세금을 비교하면 개인사업자는 이익 전체에 대한 세금을 소득세 하나로 부담하게 되어 부담세액이 커지는 반면, 법인사업자는 이익에 대해 주주대표의 근로소득세와 법인세, 그리고 추후 배당받을 때의 배당소득세로 분산시킬 수 있음을 알 수 있다.

결국 개인과 법인의 총부담세액을 비교하면 법인으로 하는 경우 약 4100만 원의 절세 효과가 있음을 알 수 있다. 과세소득이 커질수록 또

배당이라는 이익의 이연효과와 낮은 세율에 대한 선택권을 가지므로 세금 면에서 개인사업자보다는 법인사업자가 유리하고, 융통성이 더 크다고 할 수 있다.

법인 전환, 언제 어떻게 할까?

설립 당시 여러 가지 이유로 법인사업자로 출발했다면 문제가 없겠으나 개인사업자로 시작했다면 법인사업자로의 전환을 고민하는 때가 오게 된다.

법인 전환의 필요성(이유)

개인사업자가 법인사업자로 전환하는 경우는 다음과 같은 몇 가지로 생각해볼 수 있다.

첫째, 법인사업자가 세금 계산구조 면에서 유리하기 때문이다. 앞의 표에서 알 수 있듯이 세금 부과 대상이 되는 과세표준이 커지면 커질수록 법인사업자가 더 유리해진다. 다만 법인사업자는 법인을 관리하는 비용이 개인사업자보다 보통 더 많기에 사업 초창기에는 개인으로 하다 법인으로 전환하게 된다. 보통 과세표준(매출이 아니라 순소득)이 1억 원이 넘어갈 때 세금 효과가 발생한다.

둘째, 대표자의 급여(상여금, 퇴직금 등)가 법인의 비용으로 처리 가능하므로, 법인소득을 근로소득과 법인소득으로 분산하여 유리한 세율을 택할 수 있다는 장점이 있다.

셋째, 법인으로 할 경우 주주대표자의 개인 자산 보호가 가능하다. 법인사업자는 법인과 대표자가 별개이므로, 채무 관계 등으로 소송을

출판 회계·세무 실전 가이드

당할 때 개인 자산을 보호받을 수 있다. 개인사업자는 채무에 대한 무한책임을 지지만, 법인은 법인의 자산에 국한되거나 법인 소유자인 주주의 출자금 범위에서 유한책임을 지기 때문이다.

넷째, 대외적으로 신뢰성을 제고할 수 있다. 법인사업자는 개인사업자보다 대외적으로 신뢰를 더 부여하는 경향이 있다. 이는 법인사업자의 자금 사용에 대해 상법 등 법률에 따른 책임이 크고, 그에 따라 개인보다는 경영상황이 투명하다고 인식하기 때문이다. 그래서 공공기관이나 대기업과의 계약이나 투자를 유치하는 데 유리할 수 있다.

다섯째, 경영권 승계에 용이하다. 대표자의 사망 등으로 승계가 필요할 때 개인사업자는 기존 사업자와 관련된 세금을 정리해야 하고, 상속인 명의로 사업자등록 변경을 하게 된다. 또 상속세 외에도 자금흐름에 따른 여러 가지 세금 문제가 발생할 수 있다. 반면 법인사업자는 주주대표의 사망과 별개의 조직이어서 기존 법인 관련 세금 정산이 필요하지 않고, 주식 이전 또는 경영진 변경만으로 경영권 승계가 가능하다. 직원이나 거래 관계도 그대로 유지된다.

언제 전환하는 게 좋을까?

다음과 같은 상황이 도래할 때 법인 전환을 고려해보자.

첫째, 이익이 대략 1억 원을 넘어가고, 지속적으로 증가하여 절세가 필요할 때

둘째, 사업 규모가 확장되고, 매출이 증가하고, 직원이 늘어나고, 지점 확장의 필요성이 커지면서 외부 자금을 유치해야 하거나 정부 과제를 수행할 목적으로 또는 대기업과의 계약 조건이 법인사업자를 요구할 때

셋째, 가업을 승계하거나 자산을 이전하는 것이 세무상 유리하다고

판단되는 등 장기적인 세무 플랜하에서 법인 전환이 요청될 때

법인 전환의 몇 가지 방법

개인사업자의 법인 전환은 다소 복잡한 절차를 거치는데 세법상 몇 가지 방법을 택할 수 있다. 선택 가능한 방법은 크게 조세특례 현물출자 방식, 조세특례 포괄양수도 방식, 단순 포괄양수도 방식으로 나눌 수 있다.

① 조세특례 현물출자 방식

현물출자란 법인에 대한 출자를 금전이 아니라 현물(토지, 건물, 기계 등)로 하는 방식을 말한다. 현물출자는 자산의 양도로 보기 때문에 양도차익에 대해 소득세 부담을 진다.

조세특례 현물출자 방식은 개인사업자가 법인 전환 과정에서 부동산 등 사업용 자산의 양도에 따른 양도소득세 규모가 커서 부담이 될 때 선택할 수 있다. 이 방식은 법인 전환 과정에서 발생하는 양도소득세를 이월해주는 세법 특례를 이용하는 것이다. 해당 현물출자금에 대한 취득세는 50%를 경감한다. 단 양도소득세 이월이 가능하려면 현물출자에 따라 설립하는 법인의 자본금이 전환 당시 개인사업자의 순자산 금액(시가로 평가한 사업용 자산에서 부채를 뺀 금액) 이상이어야 한다.

이월된 양도소득세는 법인의 설립등기일부터 5년 이내에 사업을 폐지하거나, 출자받은 사업용고정자산의 2분의 1 이상을 처분하거나 사업에 사용하지 않는 경우, 현물출자 지분의 50% 이상을 처분한 경우 해당 사유발생일이 속하는 달의 말일부터 2개월 이내에 납부해야 한다. 경감받은 취득세는 3년 이내에 위 사유가 발생하면 해당 세액을

추징한다.

이 방식은 개인사업자의 순자산 금액이 클 경우 설립 시 자본금도 커져 그에 따른 등록세 부담이 불가피하다.

② 조세특례 포괄양수도 방식

현물출자와 유사하게, 개인사업자가 발기인이 되어 법인을 설립하고, 설립일부터 3개월 이내에 해당 법인에 사업에 관한 모든 권리와 의무를 포괄적으로 양도하는 것으로, 설립된 법인의 자본금이 개인사업자의 순자산 금액 이상으로 하는 법인 전환 방식을 말한다. 이때 현물출자와 동일한 양도소득세 이월 및 취득세 경감 혜택 등 조세특례를 받을 수 있다.

③ 단순 포괄양수도 방식

가장 단순한 법인 전환 방식으로는 개인사업자가 부동산 등 사업용 자산이 없을 때 법인 전환 과정에서 발생하는 부가가치세 문제를 해결하기 위해 택하는 방식이다.

이 방식은 개인사업자가 소규모 법인을 설립한 후 해당 법인에 사업에 관한 모든 권리와 의무를 포괄적으로 양도하면 된다. 앞에서와 같은 조세특례는 없지만, 자본금 제한이 없고, 자산 양도에 따른 세금계산서 발행 및 부가세 납부 의무가 없다는 점이 장점이다. 자본금이 상법상 최소한의 금액(0원)이라도 상관없으므로 법인 설립에 따른 비용 부담이 가장 적은 게 장점이다.

이를 표로 정리하면 다음과 같다.

구분	조세특례 현물출자 및 조세특례 포괄양수도	단순 포괄양수도
개념	토지와 건물 등 부동산을 포함해서 법인 전환을 할 경우	부가가치세 납부 없이 간편한 양수도
장점	자산 양도에 따른 양도소득세, 취득세 등 각종 세금 부담을 이연시킬 수 있음	부동산 등 자산이 없는 경우 부가가치세 납부 절차 면제
단점	이월과세 및 경감세액에 대한 사후 관리 및 자본금 규모가 커져 법인 설립 비용 부담	부동산 등 자산이 있을 경우 조세 부담을 피할 수 없음

④ 기타 유의사항

법인 전환은 회계와 세무상 절차가 다소 복잡하고 위험도 수반되므로, 세무대리인의 조언하에 진행하는 것이 바람직하다. 법인 전환과 관련하여 발생하는 이슈는 개인사업자의 폐업과 신규법인의 설립이 동시에 일어나고, 두 기업 사이에 자산 양수도거래가 발생하는 것이다. 이때 점검해야 할 것은 개인사업자의 영업권 평가 및 세무신고, 사업 양도에 따른 양도소득세 및 부가가치세, 법인 설립 시의 자본금, 주주 구성 및 임원 구성과 관련된 세무 쟁점, 취득세 문제, 포괄양수도 시 필수적으로 승계해야 할 자산과 부채 문제 등 다양하다.

이들 이슈는 세무대리인과 상담하는 게 좋고, 법인 설립이나 취득세 등에 대해서는 법무사 등의 자문을 얻어 진행하는 것이 바람직하다.

3

출판업 세무신고의 흐름

세무신고의 개요와 일정

출판사가 매년 정기적으로 신고·납부해야 할 세금 항목은 다음 표와 같다.

구분	주요 내용	신고 기한	유의사항
원천세 신고(근로소득, 퇴직소득, 인적용역 사업소득, 기타소득)	인건비, 인세, 외주비 등 인적용역에 대한 대가를 지급할 때 미리 신고하고, 사후 정산	• 종업원 20인 초과: 지급월의 다음달 10일 • 종업원 20인 이하: 반기신고 신청 후 반기별 7/10, 1/10까지	원천세 신고를 하지 않으면 가산세를 부담
지급조서 제출 (원천세 신고 대상 소득)	원천세 신고 대상자의 인적사항과 소득 내역을 별도로 신고	• 근로·퇴직·사업소득·종교인소득·연금계좌: 다음연도 3월 10일[단, 간이지급명세서(사업·기타소득) 매월 모두 제출하는 경우에는 면제] • 이자·배당·기타소득 등 그 밖의 소득 지급일이 속하는 연도의 다음연도 2월 말일	지급조서 제출을 하지 않으면 가산세를 부담

부가가치세 신고	과세사업자의 매출세액, 매입세액, 납부세액 신고·납부	법인: 분기별로 4회 개인: 반기별로 2회	소득세나 법인세에 영향을 미치며, 신고 및 납부 불이행 시 다양한 가산세를 부담
사업장현황신고	면세사업자의 수입금액 및 비용 등 신고	매년 2월 10일까지	미이행 시 수입금액의 0.5% 가산세 부담
법인세 신고	법인사업자의 소득명세와 세금 신고·납부	사업연도 종료일로부터 3개월 이내(성실신고 시는 4개월 이내)	미이행 시 다양한 신고·납부 관련 가산세 부담
소득세 신고	개인의 소득명세와 세금 신고·납부	매년 5월말(성실신고 시는 6월말)	미이행 시 다양한 신고·납부 관련 가산세 부담

다음의 세금 신고 일정은 일반적인 '법인출판사' 기준이며, 개인출판사는 일부 일정이 달라질 수 있다. 출판업은 부가가치세 면세 대상이나 과세업을 겸업하는 경우도 많으므로 해당 세금 관련 일정도 포함했다.

월	세목	신고/납부 내용	신고 기한	비고
1월	원천세	12월분 급여/7~12월 반기 신고분 등 원천세 납부	1월 10일	전월 지급분 또는 후반기 지급분 신고
	부가가치세	2기 확정(7~12월 거래분) 확정신고 및 납부	1월 25일	
2월	사업장현황신고	개인사업자만 해당	2월 10일	
	지급명세서	근로소득, 사업소득, 기타소득 등 지급명세서 제출	2월 말일	근로소득은 3월 10일까지 가능
3월	원천세	연말정산 및 2월분 원천세 납부	3월 10일	전월 지급분(월별 신고 시)
	법인세	직전 사업연도 법인세 신고 및 납부	3월 31일	12월 결산법인 기준
4월	원천세	3월분 원천세 납부	4월 10일	

월	세목	내용	기한	비고
4월	부가가치세	1기 예정(1~3월 거래분) 부가가치세 예정신고 및 납부	4월 25일	법인만 해당
	법인세	성실신고대상 법인사업자	4월 30일	12월 결산 법인 기준
5월	원천세	4월분 원천세 납부	5월 10일	
	종합소득세	개인사업자 종합소득세 신고 및 납부	5월 31일	
6월	원천세	5월분 원천세 납부	6월 10일	
	4대 보험 정산	건강/장기요양/국민연금/고용보험 정산	상반기 중	상시근로자가 있는 경우
	종합소득세	성실신고사업자 종합소득세 신고·납부	6월 30일	세무대리인의 성실신고 세무확인서 제출
7월	원천세	6월분 원천세 납부/1~6월 반기분 원천세 신고·납부	7월 10일	월별/반기분 신고·납부
	부가가치세	1기 확정(1~6월) 신고·납부	7월 25일	
8월	원천세	7월분 원천세 납부	8월 10일	
9월	법인세 중간예납	반기 중간결산에 따른 법인세 중간납부	8월 말	직전 사업연도 세액 기준
	원천세	8월분 원천세 납부	9월 10일	
10월	원천세	9월분 원천세 납부	10월 10일	
	부가가치세	2기 예정(7~9월) 부가가치세 예정신고·납부	10월 25일	법인만 해당
11월	원천세	10월분 원천세 납부	11월 10일	
	사업소득세 중간예납	반기 사업소득세 중간납부	11월 30일	
12월	원천세	11월분 원천세 납부	12월 10일	

세법은 사업자(단체)의 용역(서비스) 제공과 개인의 노동(또는 인적용역) 제공을 다르게 취급한다. 사업자(단체)가 용역(서비스)을 공급하면 원칙적으로 부가가치세 과세거래로 보아 부가가치세를 신고·납부하

도록 하는 반면, 개인의 인적노동은 부가가치세 신고대상에서 제외하거나 면세용역으로 간주한다. 그래서 근로 제공이나 저술, 강연 등 개인 노동 제공에 대해 그 대가를 받을 때 근로소득과 (용역)사업소득, 기타소득으로 보고, 해당 소득에 대한 원천세 신고를 한다.

원천세 신고·납부와 지급명세서 제출

출판사는 임직원 급여나 저자에 대한 인세, 외주 편집, 교정교열, 디자인비 등 개인이 수행한 용역대가를 지급할 때 해당 소득총액과 원천징수한 소득세(지방소득세)에 대해 세무서에 신고·납부를 한다.

원천세 신고·납부는 지급하는 달 다음 달 10일까지 하는 게 원칙이나, 임직원이 20인 이하이면 미리 세무서에 반기신고신청을 한 뒤 6개월 단위로 모아서 7월 10일과 1월 10일까지 신고·납부할 수 있다.

원천소득별 세율구분

원천세 세율은 출판사가 지급하는 소득의 성격에 따라 다음과 같이 구분된다.

구분	세율(지방소득세 포함)	비고
근로소득	과세구간별로 6.6%~49.5% 누진세율	매월 또는 반기별 원천세 신고 후 연말정산
사업소득 (개인의 인적 용역)	총지급액의 3.3%	• 국내단체에 지급할 경우는 부가가치세 대상으로 원천세 대상 아님 • 개인의 연간 총사업소득은 종합소득세 신고

출판 회계·세무 실전 가이드

| 기타소득
(인적용역) | 소득금액(= 대가-필요경비)의 22%
(총지급액의 8.8%) | 연간 총액이 750만 원 이상이면 종
합소득세 신고(미만은 분리과세) |
| 외국 인세
(사용료)소득 | 외국 인세액의 22%(조세조약에 따른
제한세율을 한도로 함) | 출판사 등 단체에 지급할 때는 부가
가치세 대리납부 병행 |

임직원에게 근로소득을 지급할 때는 매달 또는 반기별로 원천세 신고를 이행하고, 연간 근로소득을 합하여 다음 해 3월 10일까지 연말정산을 한다. 연말정산을 할 때 개인별 소득공제나 세액공제 금액이 다르므로 같은 연봉이라도 세 부담이 달라질 수 있다.

사업소득 수령자에 따른 차이

작가에게 인세(저작권료, 번역료 등)를 지급할 때는 소득세를 원천징수하고, 지급한 달 다음 달 10일까지 원천징수세액을 신고·납부한다. 이때 인세를 지급받는 주체가 개인이면 원천징수 신고·납부로 종결되지만, 그 수령자가 단체이면 달라진다.

국내 단체에 인세를 지급할 때는 원천세 신고 대상이 아니고 부가가치세 과세대상이므로, 상대방에게 세금계산서를 수령하고 해당 금액을 지급하는 게 원칙이다. 작가의 사업소득은 부가가치세가 면세되는 개인의 인적용역으로 보는 반면 단체의 사업소득은 부가가치세가 과세되는 사업자의 용역으로 보기 때문이다.

하지만 외국 단체에 인세(사용료)를 지급할 때는 원천세 신고와 함께 부가가치세 신고도 함께 해주어야 한다. 이때 원천징수세율은 외국 난제가 국제 조세에 의한 제한세율적용신청서를 제출하지 않으면 22% 세율로 하고, 제한세율적용을 요청하면 제한세율로 원천징수를 행하되, 부가가치세 대리납부를 함께 진행해야 한다. 뒤에서 더 자세히 설명한다.

사업소득과 기타소득의 구분

출판사가 동일한 저자에게 계속 반복적으로 인세를 지급할 때는 사업소득으로 보아 앞 표의 3.3% 세율(지방소득세 포함 세율)로 원천징수하고, 일시적인 대가를 지급할 때는 인적용역 기타소득으로 보아 세법에서 정한 필요경비(보통 총지급액의 60%)를 제외한 소득금액의 22%(지방소득세 포함 세율, 총지급액 기준 8.8%)를 원천징수하여 신고·납부한다.

지급명세서 제출

원천세 신고에 따른 후속 절차로 지급명세서를 제출해야 한다. 지급명세서란 사업자가 소득을 지급한 내용을 국세청에 신고하는 서류로 소득을 받은 사람(소득자)의 인적사항과 지급한 소득 내역이 상세하게 기재된다. 지급명세서는 소득 유형에 따라 종류와 제출 기한이 다르다.

이자소득이나 배당소득, 기타소득을 지급하면 다음연도 2월 말일까지(원천징수 대상 사업소득과 근로소득 또는 퇴직소득에 대해서는 다음연도 3월 10일까지) 관할 세무서장 등에게 지급명세서를 제출해야 한다. 지급명세서에는 원천징수신고 시 신고한 소득을 지급받는 자의 이름과 주민등록번호, 주소, 소득의 종류, 금액, 원천징수세액 등에 대한 정보를 기재하여 제출한다. 지급명세서 제출 제도는 과세당국이 소득자별 소득을 파악하도록 하는 절차라 할 수 있다.

부가가치세 신고

과세·면세 겸업출판사

출판사는 부가가치세가 면제되는 재화인 도서를 공급(제조/판매)하는 면세사업자이므로 부가가치세 신고·납부 의무가 없다. 하지만 도서 매출에 대해 출판사는 세금계산서 대신 면세용 계산서를 발행할 의무가 있다. 또 부가가치세 신고를 하지 않는 대신 면세사업자인 개인출판사는 사업장현황신고를 해야 하고, 법인출판사는 연간수령한 세금계산서 및 계산서, 발행한 계산서에 대한 합계표를 제출할 의무가 있다.

항목	과세 여부	설명
종이책 판매	면세	교육·문화 목적 도서로 분류됨
전자책 판매	면세(과세)	전자출판물 요건 불충족 시 과세
굿즈 또는 별도 상품 (리딩펜, 학습도구 등) 판매	과세	책과 무관한 상품 판매는 과세 (책과 함께 제공되는 CD, DVD 등은 면세)
출판제작 대행서비스	과세	편집, 디자인, 교정 등 용역 제공은 과세대상

출판사는 과세와 면세를 겸하는 경우가 많다. 곧 출판업을 하면서 부동산임대업이나 굿즈 판매, 도서제작 대행서비스 등 과세업을 겸할 경우에는 겸업사업자가 되므로 부가가치세 신고·납부 의무를 지게 된다. 이때는 도서 등 면세재화 판매에 대해서는 계산서를 발행하고, 굿즈 판매 등 과세사업 매출에 대해서는 세금계산서를 발행해야 한다. 그리고 겸업사업을 하려면 사전에 면세사업자에서 일반과세사업자로 사업자등록 변경을 해야 한다.

이처럼 출판사가 과세사업을 겸할 경우 법인사업자는 1년에 네 차례(4월 25일, 7월 25일, 10월 25일, 1월 25일까지) 부가가치세 예정 및 확정신고를 해야 하고, 개인사업자는 두 차례(7월 25일, 다음해 1월 25일) 부가가치세 확정신고를 해야 한다.

출판사의 부가가치세 계산구조는 다음과 같다.

구분	내용
매출세액	책 외의 굿즈 등 과세재화 판매 시 매출액의 10% 세액
(-)매입세액	굿즈 등 과세재화 제작 관련 외주비 지급 시 부담한 매입액의 10% 세액
(=)납부세액	매출세액 - 매입세액 = 납부세액

※ 매입세액에는 과세매출 매입세액과 과세 및 면세 매출 관련 공통매입세액 안분액이 포함된다.

유의사항

출판사가 부가가치세 신고·납부를 할 때 주의할 사항은 다음과 같다.

발행한 매출세금계산서나 매출계산서, 수령한 매입세금계산서나 매입계산서를 빠짐없이 합계표에 반영하여 신고해야 한다. 누락하면 가산세를 물고, 소득세나 법인세 신고도 잘못될 수 있다. 일반적으로 회사는 부가가치세 신고를 통해 연간 매출과 매입이 확정되고, 법인세나 사업소득세 계산의 근거가 되기 때문이다.

전자책은 형태가 유사하더라도 당연 '면세재화'가 되는 것은 아니다. 전자책이 부가가치세 면제가 되려면 문화체육관광부의 전자출판물고시 요건을 갖추어야 한다.(1장 23쪽 표 참조)

또 출판사는 지업사나 인쇄소, 제본소 등 과세사업자와 거래할 때 반드시 세금계산서를 발급받고 거래해야 한다. 그렇지 않으면 비용처리 시 가산세를 부담하거나, 인쇄소 등의 세무조사와 함께 출판사에도 불똥이 튈 수 있다. 특히 과세사업자와 거래할 때 발생한 부가가치세매입세액은 공제받지 못하고 도서의 원가에 포함되므로 회계와 세무 처리 시 오류가 발생하지 않도록 유의해야 한다.

사업장현황신고 및 (세금)계산서 합계표 제출

개인면세사업자 출판사는 매년 2월 10일까지 전년도 총수입금액과 사업장현황(비용, 집기, 비품 등)을 사업장현황신고서에 반영하여 세무서에 제출해야 한다. 이는 소득세법에 따른 면세사업자의 의무로, 일반과세사업자처럼 부가가치세 신고를 하지 않더라도 사업소득을 국세청에 미리 보고하는 절차다. 국세청은 이를 종합소득세 과세자료로 활용하게 된다.

법인면세사업자 출판사는 사업장현황신고 대신 수령한 세금계산서(또는 계산서)와 발행한 계산서 합계표를 반기별로 부가가치세 신고기한이나 다음 해 2월 10일까지 제출해야 한다.

다만 도서출판과 굿즈 판매 등 면세와 과세를 겸하는 경우 부가가치세 신고를 해야 하므로, 이때는 사업장현황신고나 합계표 제출을 별도로 하지 않아도 된다.

사업장현황신고 시 제출할 서류는 ① 수입금액의 결제수단별 내역, ② 계산서, 세금계산서, 신용카드매출전표, 현금영수증 수취내역 등이다.

사업장현황신고를 하지 않거나 불성실 신고를 하면 가산세가 부과될 수 있다. 면세사업자인 출판사는 사업장현황신고가 매출을 파악할 수 있는 사실상 유일한 자료이므로 반드시 기한 내 성실히 신고해야 한다.

연말정산

13월의 보너스

연말정산은 출판사 임직원의 근로소득에서 원천징수한 세액의 과

부족을 연말에 정산하는 것을 말한다. 매달 또는 반기별로 1년 동안 간이세액표에 따라 징수한 근로소득세에 대해 임직원 개인별 연간급여 총액에서 각종 소득공제와 세액공제를 반영하여 원천징수 세액의 적정성을 따져보는 절차다. 실제 내야 할 세금보다 많은 세금을 원천징수당했다면 초과 금액만큼 돌려받고, 적게 원천징수했다면 추가로 납부한다.

연말정산을 할 때 각종 소득공제와 세액공제를 적용하다 보면 원천징수세액의 일부를 환급받는 경우가 많기 때문에 연말정산을 '13월의 보너스'라고 부르기도 한다.

연말정산 구조

연말정산 계산구조는 다음과 같다.

연간근로소득	고용관계 또는 이와 유사한 계약에 의하여 근로를 제공하고 지급받는 모든 대가 등(일용근로소득은 제외) ※ 연간근로소득은 비과세소득을 포함하며 보통 연봉을 말함
(-)비과세소득	• 실비변상적 급여: 자기차량운전보조금(본인명의 임대차량 포함, 월 20만 원 이내), 연구보조비(월 20만 원 이내), 회사지급규정에 의해 지급받는 여비 등 • 국외근로소득(월 100만 원 또는 300만 원 이내) • 비과세 학자금, 근로장학금 • 생산 및 그 관련직에 종사하는 근로자의 연장근로 등으로 인하여 받는 급여(연 240만 원 이내) • 현물식사 또는 월 20만 원 이하 식사대 • 6세 이하의 자녀 보육수당(월 20만 원 이내) • 자녀 출생일 이후 2년 이내에 회사로부터 지급(2회 이내)받는 출산지원급여(한도 없음) • 고용보험법 등에 의해 수령하는 육아휴직급여, 출산전후 휴가급여 등 • 연 700만 원 이하의 직무발명보상금

출판 회계·세무 실전 가이드

(=)총급여액	※ 총급여액은 의료비, 연금계좌, 월세 세액공제·신용카드 등 소득공제 적용 시 기준금액으로 활용

(-)근로소득공제		

총급여액	공제액
500만 원 이하	총급여액의 70%
500만 원 초과 1500만 원 이하	총급여액×40% + 150만 원
1500만 원 초과 4500만 원 이하	총급여액×15% + 525만 원
4500만 원 초과 1억 원 이하	총급여액×5% + 975만 원
1억 원 초과	총급여액×2% + 1275만 원

(=)근로소득금액	※ 근로소득금액은 기부금, 중소기업창업투자조합, 소기업소상공인 소득공제 한도적용 시 기준금액으로 활용

(-)인적공제

- 기본공제: 근로자 본인 또는 연간 소득금액 100만 원(근로소득만 있는 자는 총급여액 500만 원) 이하인 배우자 및 생계를 같이하는 부양가족(나이요건 충족 필요, 장애인은 나이 제한 없음)에 대해 1명당 연 150만 원

부양가족	직계존속	직계비속	형제자매	위탁아동	수급자
나이요건	60세 이상	20세 이하	20세 이하, 60세 이상	해당과세기간 6개월 이상 직접 양육한 위탁아동	제한 없음

- 추가공제: 기본공제대상자가 다음의 요건에 해당하는 경우

(-)인적공제

요건	경로우대 (70세 이상)	장애인	부녀자 (부양/기혼)	한부모
공제금액	100만 원	200만 원	50만 원	100만 원

- 한부모공제는 부녀자공제와 중복적용 배제(중복 시 한부모공제 적용)

(-)연금보험료 공제	• 공적연금(국민연금, 공무원연금, 군인연금, 사립학교교직원연금, 별정우체국연금, 국민연금과 직역연금의 연계에 관한 법률)의 근로자 부담금: 전액 공제
(-)특별소득공제	국민건강보험료·고용보험료·노인장기요양보험료, 주택자금 공제
(-)기타소득공제	개인연금저축, 소기업·소상공인 공제부금, 중수기업창업투자조합 출자 등 소득공제, 신용카드 등 사용금액, 우리사주조합출연금, 고용유지중소기업 근로자, 장기집합투자증권
(=)과세표준	• 소득공제 종합한도초과액: 특별소득공제 및 그 밖의 소득공제 중 종합한도대상 공제금액이 2500만 원을 초과하는 경우 과세표준에 합산

과세표준	세율
1400만 원 이하	과세표준의 6%
1400만 원~5000만 원 이하	(과세표준×15%)-126만 원
5000만 원~8800만 원 이하	(과세표준×24%)-576만 원
8800만 원~1억5000만 원 이하	(과세표준×35%)-1544만 원
1억5000만 원~3억 원 이하	(과세표준×38%)-1994만 원
3억 원~5억 원 이하	(과세표준×40%)-2594만 원
5억 원~10억 원 이하	(과세표준×42%)-3594만 원
10억 원 초과	(과세표준×45%)-6594만 원

위 표는 (×) 세율, (=) 산출세액 항목에 해당한다.

구분	내용
(-)세액감면과 세액공제	중소기업 취업자 소득세감면, 근로소득세액공제, 결혼세액공제, 자녀세액공제, 연금계좌세액공제, 특별세액공제(보험료, 의료비공제, 교육비, 기부금), 표준세액공제, 납세조합공제, 주택자금차입금이자세액공제, 외국납부세액공제, 월세액세액공제
(=)결정세액	
(-)기납부세액	주(현)근무지의 기납부세액과 종(전)근무지의 결정세액의 합계액
(=)차감징수세액	※ 결정세액 > 기납부세액: 차액을 납부 　결정세액 < 기납부세액: 차액을 환급

법인세 신고

법인출판사는 결산일로부터 3개월 이내에 법인의 직전년도 사업소득에 대해 계산한 법인세를 신고·납부해야 한다. 12월 말 법인은 3월 말까지가 신고기한이 된다.(성실신고확인대상 소규모법인 또는 법인전환법인은 4월말까지 신고기한이 한 달 연장된다.)

법인세란?

법인세는 일정 과세기간 동안 법인사업자가 벌어들인 소득에 대해 납부하는 국세로, 개인이 납세의무를 지는 종합소득세와 달리 법인 자체가 납세의무자가 된다. 법인세는 법인의 손익계산서상 당기순이익을 기초로 하여 세법에 따른 손익의 조정절차를 거쳐 법인세 과세소득을 산출하고, 법인세율을 적용하여 납부세액을 결정한다.

법인세 신고 절차

법인세 절세를 위해서는 다음과 같은 신고 절차를 알아두는 게 좋다.

① 회계장부의 정리 및 결산

연간 거래를 바탕으로 작성된 회계장부(계정별 원장 등)를 마감하여, 재무상태표, 손익계산서 등 결산서(제조원가명세서 등 부속명세서 포함)를 작성하고, 결산장부와 세법 간의 차이가 나타나는 법인세 세무조정 대상 항목(접대비, 감가상각비, 기부금 한도 등)을 검토한다.

② 세무조정

기업회계의 결산서상 수익에서 비용을 차감한 당기순이익과, 세법상의 수입금액(익금)에서 필요경비(손금)를 차감한 각사업연도소득 간 차이를 조정하기 위해 세무조정대상 항목(익금항목 또는 손금항목)에 대한 세부적인 세무조정을 수행하고, 이를 바탕으로 세금신고서인 세무조정계산서를 작성한다.(102쪽 그림 참조)

③ 과세표준 및 세액계산

세무조정을 통해 법인세의 최종적인 과세대상인 과세표준을 계산한다. 보통 세무대리인이 계산 및 신고를 한다.

법인세과세표준 = 당기순이익 + 세무조정사항 - 결손금 이월공제로

계산된다. 여기에 법인세율을 곱하여 산출세액을 계산한 뒤 뒤에서 설명하게 될 다양한 조세특례(세액감면, 세액공제 등)를 적용하고, 가산세를 반영하여 납부세액을 결정한다. 그리고 기납부세액(중간예납세액 및 법인예금 이자소득 등에 대한 원천납부세액)을 차감하면 당기 법인세 납부세액이 된다. 그런데 사업연도 중에 법인 소유 비사업용 토지나 주택을 양도하면 토지등양도소득에 대한 법인세를 납부세액에 가산하여 최종적인 납부세액인 차감납부세액을 계산한다.

구분	법인세 세액 산출 과정
계산 절차	당기순이익 (+)익금산입, 손금불산입 (-)손금산입, 익금불산입 (=)각사업연도소득금액 (-)이월결손금(15년 이내) (=)과세표준 (×)세율(10%~25%) (=)산출세액 (-)세액공제감면 (+)가산세 (=)총부담세액(1000만 원 초과 시 분납 가능)

출판 회계·세무 실전 가이드

④ 법인세와 법인지방소득세의 신고 및 납부

전자신고(홈택스)를 통해 법인세 확정신고서를 제출하고 납부세액을 국세청지정계좌에 납부한다.

법인세 신고 시 필수적인 첨부서류는 다음과 같다.

- 재무상태표, (포괄)손익계산서, 이익잉여금처분(결손금처리)계산서
- 세무조정계산서, 기타 부속서류(현금흐름표 등)

한편 법인세에 부가되는 지방소득세는 동일한 과세표준으로 하여 지방소득세율을 적용하여 계산한 뒤 법인 본사 소재지 지방자치단체에 신고·납부한다. 단 본사와 지점 소재지 등이 둘 이상이면 법인이 부담하는 총 법인지방소득세를 각 본 지점의 종업원수와 사업용건축물 면적으로 안분하여 각 소재지 지자체별로 신고·납부한다.

⑤ 사후관리

법인세 신고 후 5년간 신고 자료를 보관하며, 사후 세무조사 대비 증빙서류도 함께 정리하여 보관한다.

⑥ 법인세 절세 방법

법인세를 절세하는 기본 원칙은 첫째, 합리적 비용처리와 적격증빙을 수취하는 데서 시작한다. 곧 세법상 인정되는 비용(감가상각비, 접대비 한도, 복리후생비, 인건비, 기부금 등)을 적법하게 계상하고, 그에 필요한 증빙을 수취하거나 원천세 신고 등을 행하여 과세소득을 줄인다. 특히 임원보수나 특수관계자 간 거래는 세법에서 부인당하지 않도록 사전에 계획하여 집행한다.

둘째, 이월결손금 등을 활용한다. 과거 15년간 누적된 이월결손금을 과세되는 각사업연도소득에서 공제할 수 있다.

셋째, 회사가 적용가능한 세액공제나 세액감면 등을 활용한다. 대표적인 것이 바로 연구·인력개발비(표지 및 내지 디자인 비용), 투자 또는 고용 관련 세액공제, 중소기업 특별세액감면 등이다.

넷째, 지역별 세제혜택을 검토하여 수도권에 있는 본사를 비수도권으로 이전하는 것을 고려한다.

⑦ 법인세 중간예납

법인세 중간예납은 기업의 조세부담을 분산하고 균형적인 재정수입 확보를 위해 법인세의 일부를 미리 납부하는 제도로 사업연도 개시일부터 6개월간을 중간예납기간으로 하여 기간말일로부터 2개월 이내에 신고·납부한다. 보통은 전기법인세액의 1/2을 예납하는데, 중간예납기간 사업자의 업황부진으로 결손이 나면 해당 기간 결산에 의해 산출한 법인세를 신고·납부할 수 있다.

개인출판사의 종합소득세 신고

개인출판사는 매년 5월 종합소득세 확정신고 기간(5.1.~5.31.)에 직전 과세연도의 사업소득(주택임대소득, 일반부동산임대소득 포함), 근로소득, 이자소득, 배당소득, 연금소득, 기타소득 등 종합소득세 합산신고 대상소득을 합산하여 소득세를 신고·납부한다.

개인출판사 중 매출이 일정 금액 이상인 성실신고확인대상자는 세무대리인의 확인을 받은 성실신고확인서를 첨부하여 6월 30일까지 종합소득세를 신고·납부한다.

종합소득세란?

소득세는 소득세법에 따라 개인이 1년간 벌어들인 소득에 대해 납부하는 세금이다. 개인출판사 대표가 납세의무자가 된다. 개인출판사 대표는 연간 소득에 대해 사업소득을 포함해 이자소득 및 배당소득 등 금융소득, 근로소득, 사업소득(주택 및 부동산임대소득 등), 기타소득, 연금소득을 합산하여 종합소득세를 신고·납부한다. 이렇게 합산한 종합소득에서 필요경비와 각종 소득공제를 차감한 후 과세표준을 산출하고, 이에 소득세율(6%~45% 누진세율)을 적용하여 세액을 결정한다.

소득세 신고 절차

① 장부정리와 결산

개인출판사는 연간 발생한 모든 거래를 바탕으로 회계장부를 작성해 총수입금액에서 필요경비를 차감하여 소득금액을 계산한다. 연간 매출 1억5000만 원 이상인 복식부기의무자는 장부작성을 바탕으로 결산서(재무제표)를 제출해야 한다. 중소규모의 출판사 대부분 회계 및 세무 관련 업무를 세무대리인을 통해서 진행하는데, 회사 규모가 커지면 경영전략수립(세무전략 포함)에 정기적인 결산 자료가 중요해지므로 자체 경리팀을 두고 장부작성 및 결산업무를 진행하게 된다.

② 세무조정

사업소득은 일반사업소득과 주택임대소득, 주택외부동산임대소득으로 구분하여 회계처리 후 결산한 뒤 세법에 따른 세무조정을 하여 과세표준과 세액을 산출하여 5월 말까지 신고·납부한다. 성실신고확인대상자는 세무대리인이 매출 및 매입 관련 증빙 확인, 소득금액 및 세액 계산의 적정성을 검토한 뒤 성실신고확인서를 첨부하여 6월 말까지 신고·납부한다.

③ 과세표준 및 세액 계산

종합소득세를 산출하려면 소득별로 과세표준을 계산해야 한다. 사업소득이나 일반부동산임대소득의 과세표준은 총수입금액(총매출액 및 영업외수익에서 세무조정한 금액)에서 필요경비(매출원가, 판매관리비, 영업외비용 등을 세무조정한 금액)를 공제하여 소득금액을 구하고, 종합소득에 합산되는 이자소득이나 배당소득은 필요경비가 없으므로 그 자체가 소득금액이 되고, 기타소득이나 연금소득은 세법상 정해진 일정 금액을 필요경비로 차감한 후의 금액이 소득금액이다. 이렇게 합산된 종합소득에서 이월결손금과 소득공제를 차감한 금액이 과세표준이 된다.

과세표준이 구해지면 이를 다시 일정 구간으로 나누고 누진세율을 적용하여 산출세액을 구한 뒤, 여기서 다시 연구·인력개발비(디자인 비용)

구분	소득세 세액 산출 과정	
	종합합산과세	분리과세에 대한 판단 기준
계산 절차	총수입금액 (-)필요경비 (=)사업소득(주택임대와 기타부동산등임대소득 포함)+기타종합소득(이자, 배당, 근로소득, 연금소득, 기타소득 등) (-)소득공제 (=)과세표준 (×)세율(6%~45%) (=)산출세액 (-)세액공제감면 (+)가산세 (=)총부담세액(1000만 원 초과 시 분납 가능)	• 주택임대소득 　총수입금액이 2000만 원 이하일 때 분리과세 • 이자소득과 배당소득 　두 소득의 연간 합계가 2000만 원 이하이면 분리과세, 합계 금액이 2000만 원을 초과하면 초과금액만큼 다른 소득과 합산하여 종합소득세 신고·납부 • 연금소득 　연간 합계 1500만 원 이하일 때 분리과세 가능. 1500만 원 초과 시에도 15% 세율로 분리과세 선택 가능 • 기타소득 　연간 합계 750만 원 이하이면 분리과세 가능

출판 회계·세무 실전 가이드

세액공제, 중소기업 특별세액감면 등을 반영하여 결정세액을 산출한다.

이를 정리하면 앞의 표(106쪽)와 같다.

④ 소득세와 지방소득세, 중간예납 신고·납부

세무대리인 또는 홈택스를 통해 종합소득세 신고서를 제출하고, 지방소득세는 결정세액의 10%를 별도로 위택스 또는 지자체에 신고·납부한다.

한편 개인출판사는 11월에 종합소득세 중간예납을 하며, 전년도 종합소득세 확정세액의 1/2을 납부하면 된다. 다만 당해년도 상반기 경영상황이 부진하여 결손이 발생하면 상반기 실적을 기반으로 중간예납액을 조정해서 신고할 수 있다.

⑤ 사후관리

신고 후 5년간 장부 및 증빙자료를 보관해야 하며, 세무조사에 대비해 영수증 및 거래기록을 정리, 보관해두어야 한다.

개인출판사의 절세 방법

앞에서 설명한 법인세 절세 방법과 같다.

첫째, 합리적 비용처리와 적격증빙 수취, 둘째 이월결손금과 소득공제 활용, 셋째 회사에 적용 가능한 세액공제나 세액감면 등의 활용, 넷째 지역별 세제혜택 활용 검토 등이다.

부동산을 보유한 경우에는 향후 양도 시 양도소득세는 별도의 세금계산을 해야 하고, 관련된 경비인 감가상각비 계상 여부가 양도세에 영향을 미치므로 사전에 세무대리인과 상의하여 결정하는 것이 좋다.

성실신고확인제도

취지

성실신고확인제도는 일정 규모 이상의 개인사업자 또는 일정 조건의 법인사업자의 세무신고를 공인회계사(또는 세무사) 등 세무전문가의 사전검증을 통해서 매출 누락이나 부적정한 비용 계상 또는 소득공제, 세액공제를 하지는 않는지 검증하게 하여 성실한 세금신고를 유도하려는 제도다.

대상 사업자

① 개인사업자 성실신고 기준

- 출판업(정보통신업): 해당연도 수입금액 7억5000만 원 이상
- 부동산임대업(서비스업 포함): 5억 원 이상

출판업과 부동산임대업을 동시에 하면 종된 업종의 수입금액을 기준금액 비율로 안분하여 주된 업종의 수입금액에 합산하여 대상 여부를 판단한다.

가령 출판업 수입금액이 6억 원, 부동산 임대업 수입금액이 4억 원일 때 계산해보자. 주된 업종인 출판업의 수입금액 6억 원에 부동산임대소득 환산금액 6억 원[4억 원×(7억5000만 원/5억 원)]을 더하면 12억 원으로 출판업 기준 금액인 7억5000만 원을 초과하므로 성실신고사업자가 된다.

② 법인사업자 성실신고 기준

- 부동산임대업 법인으로 지배주주지분이 50%를 초과하고, 임대업

과 금융 수입이 50% 이상이고, 상근자 5명 미만 소규모 가족법인

• 개인성실신고사업자에서 법인으로 전환 후 3년 이내의 법인

신고방법 및 혜택

① 신고방법

출판사의 종합소득세신고 및 법인세 신고를 하기 전에 미리 공인회계사나 세무사 등에게 재무제표 및 장부, 증빙서류 등에 근거하여 과세표준과 세액 산출이 적정한지 검토하게 하고 그 결과를 성실신고확인서에 표시하여 신고한다. 주된 검증 항목은 매출누락 여부 및 필요경비 계상이나 세액공제 등의 적정성 여부 등이다.

개인출판사는 다음 해 6월 말까지, 법인출판사는 결산일로부터 4개월 이내에 종합소득세 및 법인세를 신고하면서 성실신고확인서를 첨부해야 한다.

② 혜택: 의료비·교육비·월세, 성실신고확인비용에 대한 세액공제

성실신고사업자에 대해서는 일정한 세법상의 혜택을 제공한다.

우선 성실신고사업자가 의료비·교육비를 지출했다면 다음과 같은 금액을 소득세에서 공제한다.

의료비 세액공제액 = 세액공제대상 의료비 × 15% (단 미숙아 및 선천성장애아 의료비는 20%, 난임시술비는 30%)
교육비 세액공제액 = 세액공제대상 교육비 × 15%

또한 성실신고사업자가 월세를 지출했다면 다음 금액을 소득세에서 공제한다.

월세 세액공제액 = Min(세액공제대상 월세, 1000만 원)

× 공제율(17%, 15%)

- 17%: 종합소득금액이 4500만 원 이하인 경우
- 15%: 종합소득금액이 7000만 원 이하인 경우

또한 성실신고확인사업자가 지출한 성실신고 확인비용에 대해서는 다음 금액을 소득세에서 공제한다.

성실신고확인비용 세액공제액 = Min(세액공제대상 성실신고확인비용

× 60%, 120만 원(법인은 150만 원))

단 성실신고 세액공제는 해당 과세기간에 대한 세무서의 조사에 의해 매출누락이나 가공경비가 발견되고 과소신고한 사업소득금액이 경정된 사업소득금액의 10% 이상일 때 이후 3년 동안 적용하지 못한다.

③ 위반 시 벌칙

우선 성실신고대상사업자가 대상 과세기간의 다음연도 6월 30일까지 성실신고확인서를 제출하지 않으면 다음 금액을 가산세로 부담한다.

$$\text{가산세} = \text{Max}[① \text{ 산출세액} \times (\text{미제출 사업장의 소득금액/종합소득금액}) \times 5\%, ② \text{ 사업소득총수입금액} \times 0.02\%]$$

또한 성실신고확인서 제출 등의 납세협력의무를 이행하지 않으면 수시 세무조사 대상으로 선정될 수 있다. 한편 성실신고확인 업무를 맡은 세무대리인이 세무조사 등을 통해 성실신고확인을 제대로 하지 못한 사실이 밝혀지면 징계에 회부될 수 있다.

출판사 양도 또는 폐업 시의 쟁점

출판사 양도

출판사를 운영하는 개인 또는 법인이 후계자의 부재, 사업 재편, 은퇴 등의 사유로 출판사를 제3자에게 양도하는 경우가 발생할 수 있다. 이때 출판사 양도는 단순한 자산 매각이 아니라, 사업 전체 또는 사업 지분의 이전을 포함하는 사업양수도 또는 주식양수도 형태로 진행되며, 법률적, 회계적, 세무적 검토를 해야 한다.

① 개인출판사의 양도

개인사업자 형태의 출판사는 일반적으로 사업양수도 계약을 통해 양도되며, 이는 양도인과 양수인의 합의로 진행된다. 이 과정에서 출판사의 가치평가는 다음과 같은 절차를 따르게 된다.

- 자산 및 부채의 실사due diligence: 출판사 보유의 유형자산, 현금성 자산, 재고자산(도서 재고 등), 매출채권 등에 대한 정확한 평가가 이루어진다. 특히 도서 재고의 가치는 판매 가능성, 감가상각 또는 폐기 가능성 등을 반영해 감액평가될 수 있다.
- 부채 평가: 매입채무 및 사외유출된 채무(부외부채)를 확인해야 하며, 향후 소송, 미지급 로열티 등 잠재부채도 고려해야 한다.
- 영업권goodwill 평가: 브랜드 가치, 독자 기반, 출판권 계약, 유통망, 기존 저자와의 관계 등 무형의 자산가치가 포함될 수 있다.

항목	평가방식	주요 고려사항
도서 재고자산	순실현가능가치법	판매 가능성, 인기도서 여부, 반품률 등
매출채권	회수가능성 기준 감액	부실채권 여부, 회수기간 분석
영업권	기대 수익 또는 과거 수익 기준	독자층, 브랜드력, 저자 및 거래처 신뢰도
부채	확정부채＋부외부채 포함	지급 예정 인세, 미지급 인쇄비 등
전체 기업가치	수익가치법, 자산가치법, 혼합법	EBITDA(이자·세금·감가상각 전 이익), 순자산 가치 등

그런데 출판사 양수도 시장의 거래 관행에 따르면 양수도금액은 보통 양도 출판사의 월평균 현금 수금액(매출액 중 입금 금액 기준)의 12~24개월분을 기준으로 산정되며, 최종 양도금액은 실사 결과와 이 금액을 기준으로 협상을 통해 결정된다.

계약이 체결되면 양수인은 별도의 사업자등록을 신청하고, 양도인은 폐업신고 및 사업자등록증 반납 절차를 진행해야 한다. 이때 사업 양수도 사실을 사업양수도 계약서와 함께 세무서에 신고하게 된다.

② 법인출판사의 양도

법인출판사 양도는 일반적으로 법인의 대주주가 보유한 주식양수도 방식으로 진행되며, 이는 사업자등록 자체의 양도가 아니라 법인의 지배권 변경(대주주 변경)을 의미한다.

따라서 다음과 같이 주식에 대한 평가 및 양수도 절차를 거친다.

주식가치 평가를 할 때 주식 양수도 단가는 실사 결과와 협상을 바탕으로 산정되며, 자산가치 방식, 수익가치 방식, 또는 혼합가치 방식 등이 활용된다.

주식 양수도에 대한 법적 절차는 우선 주식양수도 계약을 체결하고, 법인등기부상 대표이사 변경, 주주명부 명의개서, 금융기관 및 거래처에 대한 지배권 변경 통보 등의 절차가 이루어진다. 이때 주식을 양도하는 출판사 주주대표는 증권거래세 신고 및 주식양도소득세 신고를 해야 한다.

만약 특수관계자 간의 거래일 경우에는 거래 금액의 적정성 여부를 평가하여 부당행위계산 부인 등의 세무 리스크도 검토해야 한다.

<양수도계약서>(사례)

제1조(목적)

본 계약은 양도인 ○○○이 운영하던 ○○출판사(이하 "사업")의 일체 권리와 의무를 양수인 △△△에게 양도함에 있어 필요한 제반사항을 정함을 목적으로 한다.

제2조(양도대상)

1. 상호 및 영업권

2. 도서 재고 및 저작권 계약 일체

3. 고객명부 및 기존 유통 계약

4. 기타 사업에 관련된 자산 및 권리 일체

제3조(양도금액 및 지급방법)

총액: 금 ○○○원정 (₩○○○,○○○,○○○)

지급일정: 계약금 30%, 잔금 70%

(잔금 지급일: 20○○년 ○○월 ○○일)

제4조(부채 및 세무처리)

양도일 기준 확정된 채무는 양도인이 정산하며, 양도 이후 발생하는 채무는 양수인이 부담한다.

양도인은 부가가치세 신고 및 폐업신고 등 세무절차를 성실히 이행한다.

제5조(영업인계 및 금지사항)

양도인은 동일 업종의 출판사를 향후 3년간 동일 지역에서 영위하지 않기로 한다.

...

개인출판사의 폐업

출판업을 영위하던 개인사업자가 일정한 사유로 더 이상 영업을 지속하지 않고 사업을 종료할 때, 폐업 절차를 이행해야 한다. 이때의

출판 회계·세무 실전 가이드

'폐업'은 단순히 영업을 중단하는 행위를 넘어, 계약 관계 및 거래 관계, 회계상의 정산, 세무신고를 포함한다.

① 폐업의 다양한 사유

보통 다음과 같은 사유로 출판사를 폐업하게 된다.

- 수익성 저하 또는 누적 적자
- 후계자 부재 또는 고령에 따른 은퇴
- 건강 악화, 산업구조 변화, 출판환경 변화 등

② 폐업 절차

폐업을 할 때는 일반적으로 다음과 같은 절차를 밟게 된다.

단계	내용
자산·부채 정리	보유 도서재고, 비품, 저작권, 거래처 채권 등을 정리하고, 매입채무 및 미지급 비용 등 잔여 부채를 결산
출판권 계약 해지	저자 또는 권리자와 출판권 계약을 체결한 경우, 계약에 따라 계약 종료 및 반납 절차 진행
직원 퇴직 처리	근로자 퇴직 시 근로기준법에 따라 퇴직금, 미지급 급여 정산
폐업신고	관할 세무서에 '폐업신고서' 제출
세무정산	부가가치세 및 소득세 확정신고, 폐업일 이후 잔여 납세의무 이행

③ 계약 해지 및 저작권 정리 관련 유의사항

우선 저작권 계약은 저자와 출판권 계약에 계약기간이 남아 있거나, 매절 계약일 경우 잔여 재고에 대한 처리(양도 또는 폐기)에 합의해야 한다.

유통사와의 계약은 도서총판 및 온라인 서점과의 공급계약 해지 또는 위탁판매 정산 정리 절차를 통해 반품 및 채권회수 절차를 밟는다.

폐업 시에는 반드시 저자 및 거래처에 통지한다. 곧 출판사의 폐업 사실을 거래관계자에게 공문 통지하여 분쟁을 예방하는 것이 중요하다.

<출판권 계약 해지 합의서>(예시)

○○출판사(이하 "갑")와 ○○○저자(이하 "을")는 아래와 같이 기존 체결된 출판계약을 상호 합의하에 해지한다.

1. 대상 도서: 『○○○○』 (계약일: 20○○년 ○○월 ○○일)
2. 해지일: 20○○년 ○○월 ○○일
3. 해지 사유: 출판사 폐업
4. 권리 반환:
   - 을은 갑에게 위 도서의 출판권을 전면 반환받음
   - 갑은 잔여재고 ○○권에 대해 폐기 또는 반환함
5. 기타사항:
   - 양 당사자는 상호 민·형사상 추가 청구 없이 계약을 종료함

20○○년 ○○월 ○○일

갑: ○○출판사 대표 ○○○ (서명)
을: ○○○ 저자 (서명)

---

④ 회계 및 세무상 유의사항

잔여재고자산은 폐기 또는 처분(양도, 기증 등) 방식에 따라 매출로 간주되어 과세대상이 될 수 있으므로, 폐업신고 시 고려해야 한다. 또한 사업용 고정자산(컴퓨터, 비품 등)은 처분 시 양도손익이 발생하는데, 이를 소득세 신고에 반영해야 하고, 관련 부가가치세 신고도 해야 한다. 다만 면세사업용 자산의 처분은 부가가치세 신고·납부 대상은 아니다.

미회수된 매출채권이 남아 있으면 폐업 후 회수하게 되는데, 이미 소득세 신고에 포함되었다면 종합소득세 과세대상은 아니다.

보통 폐업신고는 부가가치세 예정신고 또는 확정신고 기한에 수행한다.

법인출판사의 폐업

법인출판사를 폐업할 때는 개인사업자와 달리 다소 복잡한 해산 및 청산 절차를 따르게 된다.

① 법적 절차 요약

절차	내용
주주총회 해산결의	주주총회를 통해 법인 해산을 의결하고, 해산등기 실시
청산인 선임	대표이사 또는 외부인을 청산인으로 지정
채권자 보호절차	공고(2회 이상) 및 채권자에 대한 최고
자산 처분 및 채무 변제	잔존 재산 매각, 채무 정산 및 잔여재산 배분
청산종결 등기	청산 종료 후 법인 말소등기 진행
세무서 신고	법인세 최종 확정신고 및 부가가치세 신고 등 이행

② 회계처리상 주요 항목

법인출판사 폐업은 우선 모든 부채를 정리한 뒤에 남은 자산(잔여재산이라고 함)을 주주가 분배하는 과정을 거치게 되는데, 이때 회계상 주요 항목은 다음과 같다.

- 유무형자산 및 재고의 처분손익 인식
- 퇴직금 정산
- 미지급 법인세, 미지급 인세, 거래처 비용 등 정산
- 청산수익 및 잔여재산의 주주환급 회계처리

③ 세무상 유의사항

법인을 청산할 때 해산등기를 먼저 하는데, 해산등기일 기준으로 법인세 사업연도가 나뉘므로 연간 두 차례 법인세를 신고할 수도 있다. 자산 처분에 의한 양도소득은 청산소득으로 분류되고, 청산법인세 과세대상이다. 그리고 청산 과정에서 잔여재산을 주주에게 분배하는 경우, 이는 배당소득으로 과세될 수 있으므로 주주들은 종합소득세를 신고할 때 이를 고려해야 한다.

출판사의 폐업 관련하여 세무서에 제출해야 할 서류는 다음과 같다.

서류명	구분	제출기한	비고
폐업신고서	개인/법인 공통	폐업일로부터 20일 이내	국세청 홈택스 또는 관할 세무서 제출
부가가치세 신고서	일반과세자	폐업일이 속하는 다음 달 25일 이내	예정·확정 신고 필요
소득세 확정신고서	개인사업자	다음 해 5월 또는 폐업일 이후 조기신고 가능	간편장부/복식부기 기준
법인세 신고서	법인사업자	해산등기일로부터 3개월 이내(중간결산) + 청산종결 시 최종신고	청산소득 포함

제4장
출판인이
꼭 알아둬야 할
세무 이슈
회계
세무
출판

1

국내외 저작권 인세, 어떻게 처리할까?

앞에서 설명했듯이 작가에게 인세(저작권료, 번역료 등)를 지급할 때는 인세를 지급받는 주체가 국내 저자냐 외국 저자냐, 또는 개인이나 단체냐에 따라 세금 신고가 달라질 수 있다. 조금 더 설명한다.

국내 작가 저작권 인세

국내의 개인 저자에게 저작권 인세를 지급할 때는 사업소득 또는 기타소득으로 원천세 신고를 하게 된다. 보통 지급한 달 다음 달 10일까지 원천세 신고 후 다음 해 2월 10일까지 소득자에 대한 지급명세서를 세무서에 제출해야 한다.

반면 저작권 인세 수령자가 저자 개인이 아니라 단체이면 원천세 신고대상이 아니라 부가가치세 과세대상이 된다. 이때는 저작권 인세를 지급받는 단체에 세금계산서를 요청하고, 부가가치세 신고 시 이를 반영하여 신고한다. 개인의 사업소득이나 기타소득은 근로소득처럼 개인이 인적노동을 제공하는 용역으로 부가가치세가 면세되는 용역인 반면, 단체의 사업소득은 사업자가 제공하는 용역으로 부가가치세가 과세되는 용역으로 보기 때문이다. 소득을 지급받은 저자 개인은 향후 다른 소득과 합산하여 종합소득세 신고를 해야 하고, 단체(사업자)는 사업소득세 또는 법인세 신고를 해야 한다.

외국 작가 저작권 인세

외국 작가에게 인세를 지급할 때도 개인과 단체를 구분해 세금신고를 해주어야 한다.

개인이면 국내 개인 작가처럼 원천징수를 하는데, 원천징수세율이 다르다. 국내 작가는 인세지급액의 3.3%(사업소득) 또는 8.8%(기타소득)를 원천징수하지만, 해외저작권(사용료 소득) 인세를 지급할 때는 원칙적으로 22% 세율로 한다. 다만 해외저작권자가 제한세율적용신청을 하면 국제조약에 따른 국가별 제한세율로 원천세 징수신고를 하게 된다. 원칙적으로 해외저작권자가 국내원천소득에 대한 원천징수세율 적용을 조세조약에 따른 제한세율로 하고자 할 때는 제한세율적용신청서를 우리나라 원천징수의무자인 출판사에 제출해야 한다. 그렇지 않으면 국내 원천징수세율 22%를 부담한다. 하지만 대부분 출판사는 해당 문서를 받지 않아도 알아서 제한세율을 적용하여 원천세 신고를 하고 있다.

부가가치세 대리납부

비거주자단체 또는 외국법인으로부터 용역이나 무체물(저작권 등)을 공급받는 자(출판사)는 그 대가(인세)를 지급할 때 소득세(또는 법인세)를 원천징수하는 한편 대가의 10%에 해당하는 부가가치세를 추가로 징수하고, 사업장 또는 주소지 관할 세무서에 신고·납부해야 한다.

개인 저작자에게 인세를 지급할 때는 해당 용역을 면세용역으로 간주하여 부가가치세 대리납부 의무가 없는 반면, 출판사 같은 단체에 지급할 때는 과세용역으로 보아 부가가치세를 신고·납부하도록 하기 때문이다. 이 점을 놓치면 수정신고 등에 따른 가산세 문제가 발생하므로 특히 유의해야 한다.

이 때문에 외국출판사와 저작권 계약을 진행할 때는 사전에 부가가치세 대리납부에 관한 조항을 포함하여 세금납부로 인한 분쟁이 발생하지 않도록 하는 게 좋다.

저작권 외국 수출, 어떻게 처리할까?

국내 출판사 또는 저자가 외국 출판사, 에이전시, 디지털 플랫폼 등에 저작권을 양도하거나, 일정 기간 사용권(라이선스)을 부여하고 로열티를 수취할 때 회계와 세무 처리는 어떻게 해야 할까?

외국에 저작권 사용을 허가하고 그 사용료를 수령하면 회계상 '저작권 사용료 수익'으로 인식되며, 세법에서는 부가가치세법상 면세대상이 아니라 과세거래로 분류되어 외국에서 부가가치세가 징수될 수 있다. 다만 이때 외국으로의 저작권 수출은 국내 부가가치세법상 영세율 적용 대상(수출재화 및 용역)에 해당할 수 있어 이중과세는 아니다.

회계처리

수익 인식

외국 출판사에서 받은 선급 인세는 선수금으로 처리하고, 사용권이 발효되거나 판매 실적이 발생할 때 '저작권사용료 수익'으로 인식한다. 이렇게 입금된 외화는 입금 시점의 환율로 환산한 원화금액으로 회계처리한다.

<선수금 입금 시>			
(차)	외화예금 13,000,000	(대)	저작권사용료 선수금 13,000,000
<책 출판 판매 시>			
(차)	저작권사용료 선수금 13,000,000	(대)	저작권사용료 수익 13,000,000

외화 환산 및 환차손익

외화로 지급받는 인세는 거래일 기준 환율로 원화환산 후 인식하고, 실제 원화로 환전 시에 환차손익이 발생할 수 있다. 결산 시 보유 중인 외화자산(외화예금, 미수금 등)은 '기말환율로 평가'하여 환산손익을 반영한다.

(차)	외화예금/예금 000	(대)	외화환산 이익 000

세무처리

부가가치세

국내 저자의 저작권을 외국에 수출할 때 저작권자(사업자 여부)의 성격에 따라 면세 또는 과세로 구분된다. 저자 개인 또는 출판사 같은 면세사업자가 사업과 관련된 저작권을 수출할 때는 면세에 해당하므로, 수출과 관련한 부가가치세의 신고·납부 의무는 없다.

하지만 사업자로서 저작권 수출과 관련한 매입 부가가치세 금액이 커서 이에 대해 부가가치세 매입세액공제를 받고자 할 때는 면세 포기 신고를 하고 겸영사업자兼營事業者 등록을 한 뒤(일반과세사업자 등록) 영(0%)세율을 적용(수출용역 과세)하여 부가가치세 신고를 행한다. 외국 수입업자와 직접 계약하여 저작권 수출을 할 때 세금계산서는 발행하지 않지만, 수출계약서, 외화입금증, 송금명세서 등의 수출증빙서류를 갖추어 영세율 신고를 해야 한다.

소득세 및 법인세

국내 저작권자가 저작권을 외국에 수출할 때 외국 출판사는 국내 저작권자에게 인세(로열티)를 지급하면서 외국 사용료 소득으로서 해당 국가의 세법에 따라 소득에 대한 원천세 또는 부가가치세를 징수하고 차액을 송금하게 된다.

이때 국내 저자(개인 또는 법인)는 세전 금액인 외국 사용료 소득 전체(부가가치세를 제외한 세전 인세)를 소득으로 하여 소득세 또는 법인세 신고를 하며, 외국에서 원천징수한 세액에 대해서 외국납부 세액공제를 신청하여 이중과세를 피할 수 있다.

예시

외국 로열티 수익: $10000(한화 1400만 원)

　　　　　　　→ 소득세 또는 법인세 과세대상 수익

외국 원천징수세액 10%: $1000(140만 원 공제)

실수령액: $9000(1260만 원)

가령 국내 종합소득산출 시 앞 표의 외국 로열티 수익 1400만 원을 다른 소득과 합산하여 산출된 세액 중 외국 로열티 수익 해당 원천징수세액을 한도로 외국납부 세액공제를 받을 수 있다.

한-외국 간 조세조약 검토

원천징수세율은 국내 세법 또는 상대국 세법, 그리고 한-외국 조세조약에 따라 달라질 수 있다. 국내 작가가 조약상의 세율을 적용받으려면 외국 원천징수사업자에게 제한세율적용신청서를 제출해야 한다. 그렇지 않으면 조제조약상의 세율보다 더 높은 세율로 원천징수를 당할 가능성이 있어 불리하다.

실무상 유의사항

국내 저작권자가 저작권을 외국에 수출할 때는 다음과 같은 점에 유의해야 한다.

우선 면세를 포기할 경우 겸영사업자(일반과세사업자)로 사업자등록을 한 뒤 수출증빙(계약서, 외화수취증)을 구비하여 부가가치세 영세율 신고를 하고, 저작권 관련 부가가치세 매입세액공제를 신청한다.(보통 부가가치세 매입세액은 국내 거래사업자로부터 저작권 관련하여 매입할 때 지출한 부가가치세 해당액을 말한다.)

또한 저작권 계약은 보통 3~5년의 장기 로열티 계약을 하게 되므로, 그사이 환율 변동 리스크에 대비하여 파생상품 등을 가입해둘 수 있다.

이중과세를 피하기 위해서는 외국에서 원천징수된 세액에 대한 자

료를 외국 사업자에게 징구하여 국내에서 소득세 및 법인세 신고 시
외국납부 세액공제를 신청해야 한다.

출판사는 경영관리 목적상 단순 도서판매 수익과 저작권 수익을 회
계상 별도 계정으로 구분하여 관리하는 것이 좋다.

3

외주용역비, 어떻게 처리할까?

출판사는 작가 외에도 교정교열, 디자인 등 출판 업무의 일부를 외주하여 처리한다. 이들 외주용역자에게 지출하는 비용은 외주용역비 또는 지급수수료로 회계처리하며, 해당 대가를 지급할 때 소득세 등을 원천징수하고 신고·납부한다.

이들에게 소득을 지급할 때는 대부분 사업소득으로 보아 지급 금액의 3.3%를 원천징수한 후 지급한다. 물론 일부 외주용역자는 기타소득으로 처리하기도 하며, 이때는 총지급액의 8.8%를 원천징수한 후 지급한다.

그리고 이렇게 원천징수한 내역에 대해 출판사 관할 세무서에 매월 10일까지 원천징수세액을 신고·납부한 뒤 매달 또는 매년 2월 말까지 지급명세서를 제출해야 한다.

업무추진비(접대비),
어떻게 처리할까?

출판사의 경영활동에서 업무추진비(과거에는 접대비라고 함)는 필수적인 비용 항목이다. 작가와의 계약이나 서점·유통사와의 관계 유지, 행사 진행 등 다양한 자리에서 식사나 선물 제공이 불가피하다. 세법은 업무추진비(접대비)를 업무와 관련된 접대·교제·사교·선물·경조사 등에 사용된 금액으로 정의한다. 과세당국은 업무추진비의 오·남용 가능성을 높게 보기도 한다. 따라서 업무추진에 대해 일정한 한도를 정해두고 증빙, 사용 목적을 철저히 관리하지 않으면 해당 비용에 대해 세법상 비용(손금)을 부인당하고 세금 추징으로 이어질 수 있다.

업무추진비(접대비) 한도

출판사의 업무추진비는 지출액 전액을 손금(세법상의 비용)으로 인정하지 않고, 세법상 한도 내 금액만 손금(비용) 처리가 가능하다. 한도 계산식은 다음과 같다.

기본한도+수입금액 가산한도(매출액의 0.2%~0.03%)

(기본한도: 일반기업 1200만 원, 중소기업 3600만 원)

업무추진비 비용 인정 요건: 증빙이 핵심

그런데 업무추진비를 한도 내에서 사용하더라도 부인당하는 경우가 있다. 업무추진비로 인정받으려면 적격증빙을 갖춰야 하기 때문이다. 적격증빙은 3만 원을 기준으로 초과 금액은 반드시 세금계산서나 계산서, 신용카드 매출전표, 현금영수증 등을 갖춰야 한다. 법인은 반드시 법인카드를 사용해야 하고, 불가피하게 간이영수증을 수령할 경우에는 건당 3만 원 이하 소액만 인정한다. 경조사비는 적격증빙이 없어도 20만 원 이내 금액은 비용으로 인정되는데, 대신 축의금·부의금은 관련 증빙(청첩장 등)을 보관해두어야 한다. 업무추진비를 물품으로 제공할 때는 해당 견본품·사은품명세서, 상품권 사용은 거래명세표, 운송장 등 객관적 증빙을 구비하도록 한다.

또한 업무추진비의 명목과 실제 지출 목적이 일치해야 하며, 금액이 크면 증빙 서류에 사용 일자나 참석자, 사용 목적을 기재해두는 것이 좋다.

업무 관련성 여부

세법상 업무추진비는 거래처나 업무 관련자를 대상으로 지출하는 것을 말한다. 곧 저자, 서점 관계자, 인쇄·제작업체, 행사 협력사 등 출판업과 직접 관련한 사람들에 대한 접대비다. 따라서 내부 회식이나 직원 경조사비는 접대비가 아니라 복리후생비로 처리하고, 가족, 친지, 지인과의 모임은 업무와 무관한 지출로 간주되어 전액 비용을 부인한다고 보면 된다.

또한 업무추진비를 세법상 한도가 없는 다른 계정으로 처리하지 않도록 유의해야 한다. 가령 업무추진비를 광고선전비(불특정 다수인에게 구매의욕 자극을 위한 것)나 판매부대비용(상·제품판매와 직접 관련된 정상 소요비용), 교육선전비 등으로 처리하면 세무조사 시 업무추진비 한도 초과액으로 하여 세금 추징을 당할 수 있다.

정리하면 업무추진비는 출판사 경영에서 불가피하지만, 세법은 이를 '지출 한도'와 '업무 목적', '증빙' 등으로 엄격히 제한한다. 경리담당자는 업무추진비 한도와 증빙 요건을 숙지해 매 건 정확히 처리하고, 대표는 사용 내역이 투명하게 관리될 수 있는 시스템을 마련해야 한다. 그래야 세무조사에서도 안심할 수 있고, 불필요한 세금 추징을 피할 수 있다.

출판 회계·세무 실전 가이드

5

세금·공과금의 비밀

출판사를 운영하다 보면 다양한 세금과 공과금을 납부하게 된다. 그러나 모든 세금이 세금계산 시 비용(손금)으로 인정되지는 않는다.

비용으로 인정되는 세금·공과금

다음 항목은 출판사의 정상적인 사업활동과 직접 관련되므로 전액 손금(비용)으로 처리할 수 있다. 법인 소유부동산에 부과되는 재산세·종합부동산세, 차량에 부과되는 자동차세, 사업장 소재지에 납부하는 주민세, 회사 부담분 국민연금·건강보험·고용보험·산재보험 등 사회보험료, 거래지연에 따른 연체료·연체금·연체이자·연체가산금 등 사업 관련 비용, 출판사가 소속한 조합 및 협회(출판 관련 단체, 상공회의소, 업종별 협회) 등 가입비·연회비 등은 사업 수행에 필수적이거나 직접적인 관련성이 인정되므로 세법상 비용처리에 문제가 없다.

비용으로 인정되지 않는 세금·공과금

다음 항목은 세금이나 공과금인데도 세법에서 비용으로 인정되지 않는다. 법인 또는 개인사업자의 사업소득에 부과되는 세금이거나 제재·벌칙 성격의 금액이 대부분이다.

- 법인세 및 사업소득세: 법인 또는 개인사업자의 사업소득에 부과되는 직접세
- 농어촌특별세(농특세): 법인세 등 부과 시 함께 과세되는 부가세적 성격
- 가산세·가산금: 세금신고·납부 지연, 불성실 신고 등에 대한 제재금
- 벌금·과태료: 법령 위반에 따른 제재금
- 체납처분비: 세금 체납으로 인한 강제 징수 비용
- 장애인고용부담금: 의무고용 인원 미충족 시 부과되는 부담금

법인세나 사업소득세 관련 항목을 제외하면 대부분 국가가 정한 규칙을 위반한 데 대한 벌칙 성격의 것으로 해당 비용은 사업상 필요경비로 인정되지 않아 그만큼 과세표준이 높아진다.

따라서 경리담당자는 각 항목의 손금 인정 여부를 사전에 분류·관리해야 하며, 특히 불인정 항목이 발생하지 않도록 내부 절차를 정비하는 것이 중요하다.

출판 회계·세무 실전 가이드

6

외상매출금, 어떻게 처리할까?

출판사 경영에서 외상매출금(매출채권)은 주로 서점·유통사·기타 거래처 등에 책을 공급하고 아직 회수하지 못한 외상대금, 어음, 수표 등을 말한다. 그러나 거래처 부도, 폐업, 장기 미수금 등으로 회수가 불가능한 채권은 대손貸損으로 처리해야 하며, 세법상 대손 시기를 놓치면 비용으로 인정받기 어려워져 법인세 부담이 커질 수 있으므로 관리와 함께 회계에 반영하는 절차에 유의해야 한다.

대손 시기 판단 기준

세법은 채권 회수 불가능이 확정된 연도에만 대손금으로 비용처리를 허용한다. 주요 기준은 다음과 같다.

채권별로 소멸시효가 완성되는 시점을 법에 정해두었는데 다음과 같다.

- 어음·수표: 발행일로부터 1년
- 상법상 상사채권: 3년
- 민법상 일반채권: 5년 또는 10년(채권 성격에 따라 다름)

만약 시효가 완성된 해에 대손처리를 하지 못했다면 경정청구기한 내에 이를 반영하여 세금환급을 받을 수 있다. 경정청구는 최초 신고 또는 수정신고한 법정신고기한이 지난 후 5년 이내에 관할 세무서장에게 청구할 수 있는데, 이를 놓치면 대손인정은 불가능하다.

소멸시효가 완성되기 전이라도 채권 회수가 불가능한 사유가 발생하면 대손처리를 할 수 있는데, 그 시점은 다음과 같다.

- 채무자의 파산이나 사업폐지, 사망 등 회수 가능성이 전혀 없는 경우
- 부도 발생 후 6개월이 경과한 어음·수표채권 및 외상매출금 등

이 경우에는 회수불능 사유가 발생한 연도부터 소멸시효가 완성되는 시점 사이의 기간에 실제 대손이 분명하다고 판단되는 시점에 결산 시 대손처리하면 된다.

대손충당금 설정

회수불능이 확정되지 않은 채권에 대해서는 대손충당금을 설정해 미리 비용처리하여 세금을 줄일 수 있다. 세법상 대손충당금으로 인정되는 한도는 다음과 같다.

출판 회계·세무 실전 가이드

$$\text{Max}(\text{채권총액} \times 1\%, \text{직전 3년간의 채권총액} \times \text{대손실적률})$$

이 한도 내에서 결산에 반영하면 세법상 대손비용(손금)으로 인정되며, 실제 대손 발생 시에는 대손충당금에서 차감한다. 출판사처럼 서점 등 거래처의 부도 위험이 존재하는 업종은 대손충당금을 적정 수준으로 관리하는 것이 좋다.

정리하면 매출채권 대손처리는 소멸시효·대손사유·결산 반영 등 세 가지가 핵심이다. 출판사 경리담당자는 채권 관리 시스템을 통해 소멸시효 만료일과 회수불능 사유를 상시 모니터링하고, 발생연도에 정확히 반영해야 한다. 이렇게 해야 세법상 비용 인정이 가능하고 소득세나 법인세의 추가적인 부담을 피할 수 있다.

7

기부금, 어떻게 처리할까?

출판사가 사회공헌 활동의 일환으로 기부금을 지출할 때가 있다. 문화·교육·공익단체 지원을 위한 도서 등 기부금품 기증이나 문학상 후원 등은 출판사의 이미지 제고와 기업의 사회적 책임을 실현하는 데 도움이 된다. 그러나 세법상 기부금은 종류와 한도 규정이 엄격해, 잘못 처리하면 비용으로 인정받지 못해 세금 추징이 발생할 수 있다.

기부금의 세법상 분류

세법은 기부금을 다음 표와 같이 크게 세 가지로 나누어 관리하며, 종류마다 비용(손금) 인정 한도를 정해두었으므로 유의해야 한다.

구분	법정기부금	지정기부금	비지정기부금
내용	국가, 지방자치단체, 법률에 의해 설립된 공익법인 등에 기부(국립도서관 기부, 법정 문화재단 후원금)	공익법인이나 종교단체에 기부(문화예술 지원 재단, 사회복지공동모금회, 교회 등)	앞 두 항목에 해당하지 않는 기부금(개인이나 동창회 등 법정미등록 단체 등)
한도	소득금액 범위에서 전액 손금 인정(한도 없음)	법정기부금 차감 후 소득금액 × 10% 범위 내 손금 인정	전액 손금 부인됨

기부금 증빙 요건

손금 한도 내 기부금이라도 반드시 법정증빙을 갖추어야 하는데, 법정기부금 영수증(기부금 단체명, 고유번호, 기부자명, 금액, 날짜, 기부금 종류 표시)이 필요하고, 해당 단체가 법에서 정한 기부금 단체여야 한다.

기부금을 비용처리하는 시점은 기부를 실제 행한 때(현금이 지출된 때)이며, 도서 같은 현물기부 평가는 시가평가가 원칙이나 불분명한 경우에는 장부가로 평가한다. 출판사 도서의 시가는 정가가 아니라 서점납품가를 말한다.

기부금 한도 초과 시의 처리

기부금이 세법상 한도를 초과하면 해당 금액은 해당 사업연도의 손금으로 인정되지 않는데, 초과액은 10년간 이월공제가 가능하다.

정리하면 기부금은 세법상 종류에 따른 한도 및 증빙 요건이 엄격하다. 경리담당자는 기부금을 지출하기 전 기부받는 단체의 법적 요건과 해당 기부금의 손금 한도를 반드시 확인하고, 증빙을 갖추어야 한다. 특히 도서 같은 현물기부는 기부단체와 증빙의 적격성 확인과 함께 기부금액 평가에 유의한다. 그래야 기부금 비용처리에 따른 세무 리스크를 줄이고, 기부 활동의 효과를 극대화할 수 있다.

8

법인의 가지급금 / 가수금, 어떻게 해결할까?

법인출판사의 재무상태표에는 종종 '가지급금' 또는 주임종단기채권, 대여금 등의 자산 쪽 계정과목이나 '가수금' 같은 부채 쪽 계정과목이 존재하고, 그 금액이 상당히 클 때가 있다. 얼핏 보기에는 단순한 회계 계정처럼 보이지만, 이들 항목은 세무 리스크를 안고 있어 장기간 방치하면 법인세 또는 대표이사의 소득세 등 추가 세부담이 발생하고, 경우에 따라 조세범 처벌까지 이어질 수 있으므로 그 실질 내용을 확인하고 이를 줄이도록 적절하게 관리해야 한다.

가지급금 문제

가지급금은 법인 자금이 일시적으로 대표이사나 임직원 등에게 지급됐으나, 구체적 사용처가 확정되지 않은 금액을 말한다. 발생 원인은 ① 대표자의 사적 용도 자금 유출 ② 불투명한 업무추진비(접대비)

지출 ③ 비공식 사채이자 지급 등이 대표적이다.

이들 가지급금에 대해서는 법인이 상대방에게 대출한 것으로 보아 적절한 이자약정을 하고, 회계처리 및 세무조정을 해야 하는데, 이를 가지급금 인정이자라 한다. 단 직원의 월정급여 범위 내에서의 일시적 급료 가불, 경조사비, 학자금 대여, 중소기업 직원의 주택 구입·전세자금 대여 등은 세법상 가지급금 인정이자 계산에서 제외된다..

가지급금이 문제인 이유는 세법이 이를 '법인 자금의 무상대여'로 간주해 인정이자를 계산하기 때문이다. 인정이자는 가중평균차입이자율 또는 세법상 인정이자율(현재 4.6%) 중 높은 금리를 적용해 계산하며, 이 금액은 법인세 추가 부담으로 이어진다. 동시에 대표이사는 무상으로 이익을 얻은 것으로 보아 상여금 소득으로 과세될 수 있다.

가지급금 해결 방법

가지급금을 줄이거나 없애는 방법으로는 ① 대표이사 주식 지분의 감자 ② 대표의 급여·상여금으로 상계 ③ 대표의 퇴직금으로 상계 ④ 대표의 배당금으로 상계 등이 있다. 일부에서는 '가장假將 거래'를 활용해 가지급금을 없애는 방법을 제시하기도 한다. 예컨대 개인 상표권을 법인이 사들이는 등 실체 없는 거래를 일으켜 가지급금과 상계하는 방식이다. 하지만 이는 세무서에서 소명자료 요청 시 부인될 수 있고, 가지급금을 줄이기는커녕 세무조사 위험을 불러일으킬 수도 있으니 하지 않는 것이 좋다.

보험가입 연계 가지급금 컨설팅 문제

최근에는 중소기업을 대상으로 '가지급금 컨설팅'을 내세워 고액의 보험상품 가입을 유도하는 사례가 적지 않다. 이러한 방법이 일정 부분 유용할 수 있으나, 보험료를 손금처리하려는 과정에서 세법상 부인될 소지가 있어 반드시 세무대리인과 사전에 검토한 후 실행해야 한다.

가수금 문제

가지급금과 반대로 가수금이 누적될 때도 있다. 가수금은 법인이 대표이사나 임직원 등으로부터 자금을 일시적으로 차입했으나 기말 현재 상환하지 않은 잔액을 말한다. 일시적 차입 등 정상적인 자금 유입이라면 문제가 없지만, 일부 기업에서는 상품·용역 매출에 대한 증빙 발행 없이 현금으로 받은 금액을 가수금으로 처리할 때가 있다. 이는 매출누락에 해당해 부가가치세·법인세 탈루와 함께 거액의 가산세 추징으로 이어질 수 있으므로 가수금의 실제 여부를 반드시 확인해야 한다.

유의할 사항

가지급금이나 가수금은 발생 자체를 최소화하는 것이 좋다. 그러려면 출판사 대표가 법인 자금을 사용하거나 불투명한 접대를 하는 것을 절제해야 한다. 그러한 행위가 재무상태표상 가지급금 증대로 이어지며, 다양한 세무 문제를 일으킨다는 점을 인지하는 게 중요하다. 하지만 가지급금이 불가피하게 발생했다면 장기간 방치하지 말고 합법적이고 세법상 인정되는 방법으로 조기에 정리해야 한다. 특히 외부 컨설팅이나 금융상품을 활용한 해소방안은 유용할 수 있지만, 오히려 세무 위험을 키울 수 있으므로 반드시 사전에 검토해야 한다.

가지급금이나 가수금 문제와 별도로, 법인이 업무와 무관한 부동산(투자 목적의 주택이나 토지 등 비사업용부동산)을 취득하려고 자금을 차입했을 때 그 이자는 세법상 비용으로 인정되지 않으므로 이중의 세금 부담이 발생한다는 점도 알아두자.

   출판 회계·세무 실전 가이드

9

임직원보험료, 절세 효과가 있을까?

일부 법인출판사에서는 대표이사와 임직원을 피보험자로 하는 큰 금액의 보험에 가입할 때가 있다. 주로 건강·사망 위험에 대비한 보장성 보험인데, 일부에서는 '절세 효과'를 기대하며 계약하기도 있다. 그러나 세법상 보험료의 비용 인정 요건을 정확히 따져보지 않으면 기대와 달리 절세 효과는 크지 않고, 출판사의 현금흐름을 안 좋게 하거나 경제적 손실로 이어질 수도 있다.

어떤 보험이 절세 효과가 있는가

세법에서 법인이 불입하는 보험료를 비용(손금)으로 인정하는 경우는 법인이 계약자이고 임원·직원이 피보험자인 보장성 보험일 때다.

곧 만기환급금이 없는 정기보험, 종신보험 등 순수 보장성 상품은 보험료 불입액이 비용으로 인정된다. 반면 만기환급금이 있는 저축성 보험에서는 보험료 불입액이 비용이 아니라 자산으로 처리되므로 불입기간 동안은 절세 효과가 없다. 일종의 정기적금과 유사한 금융자산 취득이기 때문이다.

법인이 저축성 보험이 아니라 보장성 보험에 가입하고 보험료를 납부해야 납입 시점에 해당 금액을 전액 비용으로 처리할 수 있다. 저축성 보험에 가입했다가 퇴직금 지급 등의 목적으로 사용하기 위해 중도 해지하면 불입액을 초과하는 금액은 익금(이자수익)이 되고, 퇴직금 지급액은 손금(비용)이 된다는 점도 알아두면 좋다.

세무상 처리 흐름

보장성 보험에 가입했더라도, 해지 시점에는 다른 세무처리가 필요하다. 곧 보험료 납입 시점에는 전액 손금(비용)으로 처리하지만, 해지 시에는 수령하는 보험금 또는 해지환급금을 전액 익금(수익)으로 처리하여 과세소득에 반영한다. 물론 해당 금액을 퇴직금 등으로 지급하면 해당 지급액은 다시 비용으로 인정받을 수 있다.

예를 들어 법인이 보장성 보험료로 매년 500만 원씩 5년간 납입하고, 5년 뒤 중도 해지로 2000만 원을 환급받았다면, 해지환급금 2000만 원은 해당연도 수익에 포함된다. 그러나 이를 대표이사 퇴직금으로 지급하면 다시 비용처리가 가능하다.

결국 절세 효과는 환급금으로 퇴직금을 지급하는 시점, 환급률, 퇴직 소득세율과 법인세율 차이 등에 따라 달라지므로 단기적인 절세를 위해 가입하는 것은 적절치 않으며, 오히려 장기적 자금 운용 전략의 하나로 접근해야 한다.

　　　　　　　　　　　　　　출판 회계·세무 실전 가이드

정리하면 임직원 보장성 보험료는 납입 시 비용처리로 절세 효과가 있는 것처럼 보이지만, 해지 시 수익으로 환입되는 구조 때문에 '세금 이연 효과'에 가깝다. 출판사 경영자는 보험 가입 목적이 단순한 세금 절감이 아니라, 위험 대비와 장기 자금 운용에 맞춰져야 함을 명심해야 한다.

10

출판사 보유 자동차,
어떻게 관리할까?

출판사가 보유하는(리스 운용 포함) 차량과 관련된 비용(감가상각비, 임차료, 유류비, 보험료, 수선비, 자동차세, 통행료 및 금융리스부채에 대한 이자비용 등)은 세법상 전액 인정받을 수 있을까?

우선 배기량 125cc 이하 오토바이나 1000cc 이하 경차, 9인승 이상 승합차 및 화물자동차는 차량 관련 비용을 세법상 비용으로 처리하는 데 특별한 제약이 없다. 문제는 여기에 해당하지 않는 정원 8인 이하 승용차 및 전기승용차, 이륜자동차, 캠핑용자동차의 차량 관련 비용이다. 이 비용은 세법상 일정한 제한이 있다.

그런데 출판사의 규모나 조직 형태에 따라 비용처리 요건이 다르다. 개인출판사는 복식부기의무자가 아니면 차량 관련 비용처리에 그다지 큰 문제는 없다. 여기서 복식부기의무자는 직전연도 매출이 1억 5000만 원 이상인 출판사를 말한다.

업무용승용차 운행 관련 비용을 세법상 비용으로 인정받으려면 일정한 요건을 충족해야 한다.(법인출판사는 모든 업무용승용차에, 복식부기의무자

출판 회계·세무 실전 가이드

에 해당되는 개인출판사는 1대를 제외한 나머지 차량에만 적용한다.) 우선 업무
전용자동차보험에 가입하고, 업무용승용차 사용계획서 및 업무용승용
차 운행기록부를 작성·보관해야 한다. 이러한 요건이 충족되어야 업
무용 차량 관련 경비 중 업무용 사용 비율만큼 비용처리가 가능하다.

그런데 업무전용자동차보험을 가입한 경우라도 운행기록부를 작성
하지 않으면 1500만 원과 일정 비율만큼만 비용으로 인정되고 나머
지 금액은 비용으로 인정되지 않는다. 이 가운데 감가상각비(내용연수
5년 정액법으로 계산한 금액으로, 리스일 때 리스료 중 감가상각비에 해당하는 금
액, 또는 처분손실 금액)는 연간 800만 원을 한도로 비용을 인정하지만,
초과분은 적절한 비율로 이월처리한다.

특히 복식부기의무자인 개인출판사는 업무용 승용차 1대까지는 업
무전용자동차보험 가입과 무관하게 업무 관련 비용을 인정받으나, 1대
를 초과하는 업무용 차량은 업무전용보험에 가입하지 않으면 업무 관
련 비용의 50%만 손금으로 인정된다. 단 성실신고확인대상 출판사는
업무전용자동차보험 미가입 시 전액 부인된다.

법인출판사는 업무전용자동차보험에 가입하지 않거나 취득가액
8000만 원 이상 차량으로 녹색번호판을 부착하지 않으면 업무용승용
차 관련 비용 전액이 필요경비로 인정되지 않으므로 유의한다.

결국 법인출판사의 모든 업무용승용차 또는 복식부기의무자인 개
인출판사의 1대를 초과하는 자동차는 차량 관련 비용이 '업무용'으로
인정받느냐에 따라 세금처리 결과가 크게 달라진다. 업무용 관리 요
건을 철저히 갖추면 차량 관련 경비 전액을 비용으로 인정받을 수 있
지만, 관리 부실 시 절반 이상이 비용으로 인정받지 못해 세금 부담이
늘어난다. 결국 출판사가 차량을 보유할 때 이와 같은 세법 요건을 충
족하는 관리 체계가 세금 절감의 핵심이라는 점을 기억해야 한다.

11

출판사 맞춤형 세액감면·공제 제도, 어떤 게 있을까?

이제 출판사의 소득세 또는 법인세 신고를 할 때 세금을 절약하기 위해 꼭 알아두어야 할 세액감면 및 세액공제에 대해 알아보자. 여기 소개하는 세액공제나 감면 내용은 대부분의 출판사에 적용되는 사항이므로 꼭 알아두어야 한다.

중소기업과 일반기업의 조세지원 개요

세법상 세액공제·감면 등 조세지원 제도는 중소기업에만 적용되는 제도와 모든 기업에 적용되는 제도로 구분된다.

출판 관련 업종의 중소기업 판단 기준

중소기업 여부를 판단하는 기준은 업종별로 다른데, 출판업과 관련된 업종의 중소기업 기준은 다음 표와 같다.(겸업사업자는 주된 업종으로 환산한 뒤 판단한다.)

관련 업종	표준산업분류	중기업 기준	소기업 기준
출판업	정보통신업	평균매출액 등 800억 원 이하	평균매출액 등 50억 원 이하
편집, 디자인 등 도서제작 대행	전문, 과학 및 기술 서비스업	평균매출액 등 600억 원 이하	평균매출액 등 30억 원 이하
시점(도매, 소매)	도매 및 소매업	평균매출액 등 1000억 원 이하	평균매출액 등 50억 원 이하
물류유통	운수 및 창고업	평균매출액 등 800억 원 이하	평균매출액 등 80억 원 이하
부동산임대업	부동산업 및 임대업	평균매출액 등 400억 원 이하	평균매출액 등 30억 원 이하

중소기업 대상 조세지원

중소기업(중견기업 포함)에만 적용되는 조세지원 제도는 조세특례제한법에 규정되어 있는데 다음 표와 같다. 잘 기억해두고 출판사의 적용 여부를 검토해보면 좋다.

구분	지원 내용
① 중소기업 특별세액감면	• 출판업, 도소매업, 물류업 등 소득에 대해 5~30%를 세액감면
② 창업중소기업에 대한 세액감면	• 창업중소기업 등의 최초 소득발생 과세연도와 그 이후 4년간 50%(75%, 100%) 세액감면
③ 근로소득을 증대시킨 기업에 대한 세액공제	• 직전 3년 평균 초과 임금증가분 × 10%(중소 20%) 세액공제 + 정규직 전환근로자의 전년대비 임금증가액 합계 × 10%(중소 20%) 추가공제
④ 성과공유 중소기업의 경영성과급에 대한 세액공제 등	• 중소기업이 상시근로자(총급여 7000만 원 초과인 자, 임원 등 제외)에게 경영성과급을 지급하는 경우(영업이익이 발생한 기업이 지급한 것에 한함) 그 경영성과급의 10% 세액공제

⑤ 고용유지 중소기업에 대한 세액공제	• 연간 임금증가 총액 × 10% + 시간당 임금상승에 따른 임금 보전액 × 15%를 세액공제
⑥ 최저한세 적용한도 우대	• 최저한세율을 일반기업에 비해 3~10% 우대

모든 기업 대상 조세지원

모든 기업에 적용되는 조세지원 제도는 다음과 같다.

구분	지원 내용
① 연구·인력개발비에 대한 세액공제	• 일반 연구·인력개발비에 대하여 0~2%(중소 25%, 중견 8~20%) 또는 직전연도 대비 증가액의 25%(중견 40%, 중소 50%) 세액공제 • 중소기업은 최저한세 적용 배제
② 공장(본사) 등 지방이전 세액감면	• 수도권과밀억제권역 안 본사·공장 지방 이전 시 최초 소득발생 과세연도와 4년(6년, 9년)간 100%, 이후 3년(2년)간 50% 감면
③ 사회적기업 등에 대한 감면	• 사회적기업으로 인증받거나 장애인 표준사업장으로 인정받은 법인은 해당사업에서 발생한 소득에 대해 3년간 100%, 이후 2년간 50% 감면 • 최저한세 적용 배제
④ 전자신고 세액공제	• 법인이 직접 법인세를 전자신고 시 2만 원 세액공제(§104의8)
⑤ 상가임대료를 인하한 임대사업자에 대한 세액공제	• 상가건물 임대료 인하액(공제기간: 2020.1.1. ~ 2025.12.31.)의 70%(50%)에 해당하는 금액을 세액공제(§96의3)
⑥ 재해손실 세액공제	• 천재·지변 기타 재해로 인해 사업용 총 자산가액의 20% 이상 상실한 경우 재해상실비율에 해당하는 법인세 공제(§58)
⑦ 외국납부 세액공제	• 국외원천소득에 대한 이중과세를 조정하기 위해 외국에서 납부한 법인세액 공제(§57, §57의2)

위 사항을 참고하여 출판사는 종합소득세나 법인세 신고를 하기 전에 우선 중소기업 여부를 먼저 판단하고, 각각의 상황에 따라 위 조세지원제도를 선택 적용하면 절세에 도움이 될 것이다.

중소기업 특별세액감면

우선 중소기업에 해당되는 모든 출판사는 소득세 및 법인세 계산을 할 때 중소기업 특별세액감면을 받을 수 있다. 다만 다음 표와 같이 매출액 규모와 사업장의 주사무소나 본사의 소재지별로, 또는 영위하는 업종별로 감면율이 달라진다.

기업 규모	소재지	업종별	감면율*
소기업(업종별) (151쪽 표 참조)	수도권 내	출판업, 도소매업 등	10%
		제조업 등	20%
	수도권 외	도소매업 등	10%
		출판업, 제조업 등	30%
중기업 (151쪽 표 참조)	수도권 내	지식기반산업(출판업 등)	10%
	수도권 외	도소매, 의료업 등	5%
		출판업, 제조업 등	15%

* 산출세액에 대한 감면율. 최대 1억 원까지 감면하는데 최저한세 대상임.

창업출판사에 대한 세액감면

생애 최초로 창업한 출판사(법인 전환이나 폐업 후 재개업, 분할신설기업 등은 제외)는 세액의 50~100%를 감면받을 수 있다.(단 최저한세 적용을 받으므로 세액감면액 일부가 배제될 수 있다.) 더구나 최소 고용인원 5인 이상을 충족하고 상근자 수가 전년보다 증가하면 고용증가율에 따라 50% 한도로 추가 세액감면도 받을 수 있다.

창업중소기업 세액감면율은 다음 표와 같다.

창업중소기업					
수도권과밀억제권역 외			수도권과밀억제권역		
청년창업*	수입금액 8000만원 이하**	그 외	청년창업	수입금액 8000만 원 이하**	그 외
5년간 100%**	5년간 100%	5년간 50%	5년간 50%	5년간 50%	-

* 창업 당시 대표자가 15~34세 이하(병역기간 최대 6년 차감), 법인은 대표자가 최대주주 등에 해당할 것.
** 최초 소득발생 과세연도와 그다음 4년 과세연도 중 수입금액이 연간 기준 8000만 원 이하인 과세연도에 적용

연구·인력개발비(디자인 비용) 세액공제

출판사의 소득세나 법인세 절감에 가장 큰 비중을 차지하는 것 중 하나가 연구·인력개발비(디자인 비용) 세액공제라고 할 수 있다.

디자인은 도서를 찾는 독자들의 눈길과 신뢰를 붙잡아야 하는 출판사 입장에서 아무리 강조해도 지나치지 않을 정도로 중요한 부가가치 활동이다. 도서의 내용도 중요하지만 이를 시각적으로 표현하는 디자인의 힘도 그에 못지않다. 그렇기에 출판사의 도서 디자인 비용은 다른 기술제조업의 연구·인력개발비와 같이 세액공제 대상이 된 것이다.

디자인 비용 세액공제의 요건

다만 디자인 비용 세액공제를 적용받기 위해서는 몇 가지 요건을 갖추어야 한다.

첫째, 출판사 내부 직원이 디자인을 할 때는 기업부설창작연구소(또는 연구전담부서)를 설치하고, 한국콘텐츠진흥원[창작연구소(전담부서)]이나 한국산업기술진흥협회[연구소(전담부서)]에 신청하여 정식 인증을 받은 후 전담부서에 속하는 디자이너 인건비(퇴직급여 제외)로

신고한 금액이 있어야 한다. 이때 전담부서의 해당 디자이너는 디자인 업무에만 종사하고 다른 업무를 겸해서는 안 된다.

둘째, 디자인을 외주용역으로 진행할 때는 한국디자인진흥원에 산업디자인전문회사로 신고가 완료된 디자인 외주업체와 거래하고, 적격증빙(세금계산서 등)을 갖추어 신고한 금액이 있어야 한다.

셋째, 도서와 직접 관련된 디자인(표지 또는 내지) 비용만 대상이며, 광고 등 디자인은 제외된다.

위 세 요건에서 인건비나 용역비 외에 디자인 관련 재료비나 시설임차비 및 이용료, 특정연구기관 등에 지출한 기술개발 위탁비 등도 대상이 될 수 있다.

세액공제액의 계산

디자인 비용(연구·인력개발비) 세액공제액의 계산은 다음과 같다.

출판사가 중소기업이냐 아니냐에 따라 세액공제율이 다르다는 점에 유의하여 적용해보면 좋다.

중소기업	디자인 관련 비용의 일정 금액을 해당 과세연도의 법인세(소득세)에서 공제 세액공제액 = Max(① 증가분 방식, ② 당기분 방식) ① 증가분 방식: 직전연도 연구·인력개발비를 초과한 금액의 50% ② 당기분 방식: 당해연도 연구·인력개발비의 25%
일반기업	디자인 관련 비용의 일정 금액을 해당 과세연도의 법인세(소득세)에서 공제 세액공제액 = Max(① 증가분 방식, ② 당기분 방식) ① 증가분 방식: 직전연도 연구·인력개발비를 초과한 금액의 25%(중견 40%) ② 당기분 방식: 당해연도 연구·인력개발비의 최대 2%(중견 8%) * 매출액 대비 R&D 비중×1/2, 최대 2%

위 표에서 언급한 디자인비는 도서제조와 직접 관련된 디자인(연구개발) 전담부서 직원의 인건비, 재료비, 시설임차비 및 이용료, 특정연

구기관 등에 지출한 기술개발 위탁비와 국내외 전문연구기관·대학 등 위탁교육훈련비, 직업훈련기관 위탁훈련비 등을 말한다.

이때 유의해야 할 사항은 ① 해당 비용 중 특수관계자나 (연구개발종사자가 아니라) 일반 관리 직원의 인건비와 정부출연금으로 지출한 인건비는 제외되고, ② 퇴직소득이나 퇴직급여충당금, 퇴직연금 등 부담금은 제외되며, ③ 도서 자체의 디자인(연구개발)이 아니라 제품 홍보나 광고 관련 업무 비용은 제외된다는 점이다.

디자인 비용 세액공제 사전심사제도

국세청에서는 디자인 비용(연구·인력개발비) 세액공제 금액이 크고, 관련 쟁점이 존재하므로 해당 비용 요건을 충족하는지 엄격하게 관리하고, 기업이 신청한 디자인 관련 비용이 세액공제대상인지 사전에 심사받도록 하는 제도가 있다. 사전심사는 국세청 홈택스에서 온라인으로 신청할 수 있다.

이때 다음 표와 같은 자료를 제출하도록 하고 있다.

항목		입증 서류 예시
연구개발활동		연구증빙자료(내부보고서, 회의록, 연구노트* 등)
공통증빙	인적구성	연구원 등록현황(KOITA), 연구원업무분장표
비용증빙	인건비	급여대장
	재료비	과제별 재료비 집행내역(품목, 수량, 금액, 거래처 등)
	위탁개발비	위수탁계약서 및 증빙(위탁과제집행내역)

* 한국특허전략개발원(KISTA)이 운영하는 연구노트포털(www.e-note.or.kr)에서 연구노트와 관련된 다양한 정보를 제공함.

또 출판사가 신청한 디자인 비용(연구·인력개발비) 세액공제의 타당성 심사를 할 때 국세청에서 다음 표와 같이 2단계로 나누어 검토하므로 참고하면 좋다.

구분	1단계(연구개발활동 검토)	2단계(비용 검토)
검토 대상	• 연구개발(조세특례제한법 제2조) • 연구개발에서 제외하는 활동(조세특례제한법 시행령 제1조의2) • 연구전담(보조)요원 연구개발활동 전담 여부(기초연구법 시행령 제2조)	• 연구·인력개발비 범위 해당 여부(조세특례제한법 시행령 제9조에 따른 별표6) • 자체연구개발비(인건비, 재료비 등) • 위탁 및 공동 연구개발비, 인력개발비

검토
담당자
	• 지방국세청 사전심사 전담팀
	  - 중소기업, 개인사업자
	• 국세청(본청) 사전심사 전담팀
	  - 중소기업 외(일반, 중견기업)
	  - 지방국세청에서 국세청 기술검토 요청* 시
		• 지방국세청 사전심사 전담팀
		  - 중소기업, 개인사업자
		• 국세청(본청) 사전심사 전담팀
		  - 중소기업 외(일반, 중견기업)

입증 서류 예시	- 연구개발보고서 - 내부보고서, 회의록, 연구노트 등 - 연구개발 인력현황 - 조직도 및 업무분장표 - 기타(연구개발활동을 증빙할 수 있는 자료)	- 연구개발 인력현황 - 조직도 및 업무분장표 - 과제별 재료비 집행내역서(품목, 수량, 거래처 등) - 위탁연구과제 집행내역서 - 위·수탁계약서 및 관련 증빙 내역(연구결과 보고서 등)

* 지방국세청 사전심사 담당자는 1단계(연구개발활동 검토) 과정에서 기업의 연구개발활동이 조세특례제한법상 연구개발의 정의에 부합하는지 국세청(본청)에 기술검토를 요청함. 국세청(본청)은 기술검토 과정에서 외부전문가의 의견이 필요하다고 판단되면 외부자문위원을 통해 검토의견을 참고할 수 있음

디자인 비용 세액공제 신청 관련 유의할 사항은 국세청이 이 세액공제에 대해 매우 엄격하다는 점이다. 출판사가 디자인 비용 세액공제를 신청할 때는 앞에서 제시한 요건과 자료를 충분히 확보하여 구비해두어야 한다.

통합고용증대 세액공제

출판사의 상시근로자 수가 직전연도 수보다 증가했을 때는 통합고용증대 세액공제를 검토해보자. 다음 표의 ①과 ② 해당 금액을 더한 금액을 해당 과세연도와 그다음 해(중소기업 및 중견기업은 다다음해)까지의 소득세(사업소득세만 해당) 또는 법인세에서 공제한다.

구분(증가 인원 수)	중소기업(수도권)	중소기업(지방)	중견기업	대기업
① 청년정규직·장애인 등*	1450만 원	1550만 원	800만 원	400만 원
② 상시근로자**	850만 원	950만 원	450만 원	–

* 청년 정규직 근로자(15~34세, 단, 병역복무기간 최대 6년 가산, 기간제와 단시간, 파견근로자 제외), 장애인 근로자, 60세 이상인 근로자 또는 경력단절 근로자, 북한이탈주민 등의 상시근로자 증가 인원 수(전체 상시근로자의 증가 인원 수를 한도로 함)
** 청년 등 상시근로자를 제외한 상시근로자의 증가 인원 수(전체 상시근로자의 증가 인원 수를 한도로 함)

다만 통합고용증대 세액공제를 받은 출판사가 최초로 공제를 받은 해 말일부터 2년이 되는 해 말일까지의 기간 중 전체 상시근로자(또는 청년 등 상시근로자)의 수가 공제받은 첫해에 비해 감소하면 세액공제를 중지하고 이미 공제받은 세액에 상당하는 금액(단 공제받지 못하고 이월된 금액을 차감한 후의 금액)을 소득세 또는 법인세로 납부해야 한다.

또한 상시근로자 수가 감소하지 않은 상황에서 중소기업 또는 중견기업이 일정 요건을 충족한 육아휴직 복귀자를 복직시키면 1인당 1300만 원(중견기업은 900만 원)을 복직한 해의 사업소득세 또는 법인세에서 공제한다.(육아휴직 복귀자의 자녀 1명당 1차례에 한함) 단 해당 복귀자가 2년 이내 퇴사하면 공제금액을 그해에 추가납부해야 한다.

중소출판사 취업자에 대한 소득세 감면

중소기업 출판사에 청년, 장애인, 경력단절 또는 60세 이상인 근로자가 취업하여 받은 근로소득으로서 취업일부터 3년(청년은 5년)이 되는 날(병역 이행 후 1년 이내에 병역 이행 전 근무하던 출판사에 복직하는 청년은 복직한 날부터 2년이 되는 날 또는 복직한 날이 최초 취업일부터 5년이 지나지 않은 경우에는 최초 취업일부터 7년이 되는 날)이 속하는 달까지 발생한 소득에 대해 소득세의 70%(청년은 90%)를 감면(과세기간별로 200만 원 한도)한다. 이때 소득세 감면기간은 다른 중소기업체에 취업하거나 해당 중소기업체에 재취업하는 경우 또는 합병·분할·사업 양도 등으로 다른 중소기업체로 고용이 승계되는 경우와 관계없이 소득세를 감면받은 최초 취업일부터 계산한다.

고용유지 중소출판사에 대한 세액공제

중소기업 해당 출판사로서 상시근로자의 고용 인원과 임금 수준을 유지할 때 다음 표와 같이 임금상승분의 일정 비율(1000만 원 한도)을 해당연도 소득세(사업소득세만 해당) 또는 법인세에서 공제한다.

공제대상 세액 = Min(① + ②, 1000만 원)

① (직전연도 상시근로자 1인당 연간 임금총액 – 해당연도 상시근로자 1인당 연간 임금총액) × 해당연도 상시근로자 수 × 100분의 10

② (해당연도 상시근로자 1인당 시간당 임금 - 직전연도 상시근로자 1인당 시간당 임금 × 100분의 105) × 해당 과세연도 전체 상시근로자의 근로시간 합계 × 100분의 15

근로소득을 증대시킨 출판사에 대한 세액공제

중소기업 또는 중견기업 해당 출판사가 다음 표와 같이 상시근로자의 급여를 일정 비율 이상 인상하면 직전 3년 평균대비 초과한 임금증가분의 20%(중견기업은 10%)를 사업소득세 또는 법인세에서 공제한다.

① 상시근로자의 해당연도 평균임금 증가율이 직전 3개연도 평균임금 증가율의 평균보다 크고,
② 해당연도의 상시근로자 수가 직전연도의 상시근로자 수보다 크거나 같을 것

직전 3년 평균대비 초과한 임금증가분 계산은 다음과 같다.

직전 3년 평균 초과 임금증가분 = [해당연도 상시근로자의 평균임금 - 직전연도 상시근로자의 평균임금 × (1 + 직전 3년 평균임금 증가율의 평균)] × 직전연도 상시근로자 수

또 고용 인원이 증가하고 비정규직에서 정규직으로 전환한 근로자가 있으면 해당 정규직 전환 근로자에 대한 임금증가분 합계액의 20% (중견기업은 10%)를 해당연도의 사업소득세 또는 법인세에서 공제한다.

여기서 설명한 세액감면과 세액공제는 요건과 계산방식이 다소 복잡하므로, 이를 신청할 때는 세무대리인과 사전에 상의하여 진행하는 것이 좋다.

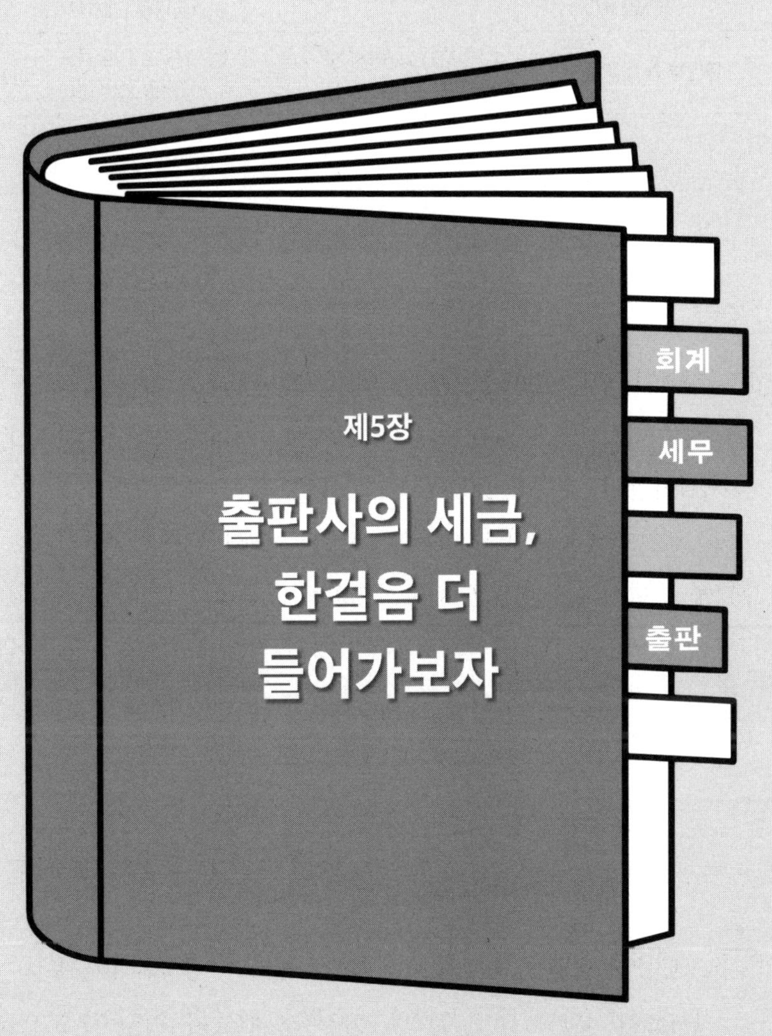

제5장
출판사의 세금,
한걸음 더
들어가보자
회계
세무
출판

부동산 거래와 관련된 세금

출판사는 사옥, 창고, 매장뿐 아니라 사택이나 기숙사, 주택이나 토지 등의 부동산을 소유할 수 있다. 이러한 부동산은 취득·보유·양도 단계마다 세금이 발생할 수 있고, 잘못 처리하면 불필요한 가산세 위험이 따른다.

다음은 출판사의 부동산과 관련한 세금 측면에서 꼭 알아두어야 할 사항이다.

부동산 취득 시의 세금

취득세 개요

부동산을 취득할 때는 취득 당시의 금액*을 기준으로 취득세가 부

---

* 납세의무자가 신고한 금액과 시가표준액 중 큰 금액을 말한다.

과된다. 매매나 신축 등 유상으로 취득한 때는 거래상대방 또는 제3자에게 지급했거나 지급해야 할 직접비용과 간접비용의 합계액을 기준으로 취득세를 부과한다. 상속에 따른 무상취득 시에는 정부에서 정한 시가표준액*으로, 증여 등에 따른 무상취득 시에는 매매사례가액, 감정가액, 공매가액 등을 기준으로 취득세를 부과한다.

취득세는 납세의무자가 취득일부터 60일 이내에 소재지 관할 시군구청에 신고·납부해야 하는데, 상속은 상속개시일이 속하는 달의 말일부터 6개월 이내, 증여는 취득일이 속하는 달의 말일부터 3개월 이내 신고·납부하는 것이 원칙이다. 간혹 건물의 증축, 대규모 구조 변경 등과 같은 자본적 지출을 했을 때도 취득세가 부과될 수 있다.

부동산 취득 시 일반세율 (개인 또는 비非과밀억제권역 소재 부동산)	신축 2.8%, 증여 3.5%, 상속 2.8%(농지 2.3%)
	주택 외 매매 4%(농지 3%), 주택 매매 1~3%

부동산 취득 시의 증빙서류(각종 계약서, 세금계산서, 영수증 등)는 반드시 확보·보관하고, 사후 부동산 관련 지출이 있을 때 그 지출이 자본적 지출인지 수익적 지출인지 구분해야 한다. 이는 나중에 양도소득세 계산 시 필요경비 산정에도 직접적으로 영향을 미치기 때문이다.

취득세 중과세 주의

법인출판사는 부동산을 취득할 때 취득세가 중과되는 경우에 유의해야 한다.

---

* 토지나 주택은 개별공시지가나 주택공시가격을 말하고, 일반 건물은 정부가 공시한 가격을 말한다.

 출판 회계·세무 실전 가이드

법인출판사가 수도권과밀억제권역 내에서 부동산을 취득하거나 대도시 내 법인 설립 또는 전입 후 5년 이내 부동산을 취득할 때는 개인과 달리 정책적 차원에서 취득세를 중과한다. 이때 부동산의 취득은 매매 등 유상취득과 신축 등 원시취득으로 구분된다. 중과세율에는 지방교육세와 농특세 등이 부가되므로 법인출판사가 수도권과밀억제권역 내 본점용 부동산을 취득할 때는 더욱 신중해야 한다. 중과세 적용을 할 때는 출판사가 취득하는 부동산의 소재지, 부동산의 기능, 법인 설립 연한 등에 따라 다음과 같이 차등 적용된다.

중과세율	법인의 주택 취득 12%[시가표준액 1억 원(비수도권 2억 원) 이하 주택 등 제외]
	법인의 과밀억제권역 내 본점용 부동산 신·증축: 건물 6.8%, 토지 8% 법인 설립 5년 이내 대도시 진입, 지점 설치 등: 8% 법인 설립 5년 경과 후 대도시 진입, 지점 설치 등: 4%
	법인의 과밀억제권역 공장 신·증설: 건물 8.4%, 토지 12%(도시형 공장 제외)

따라서 법인출판사는 부동산을 취득하기에 앞서 세무전문가와 사전 검토 후 진행하는 것이 바람직하다.

부동산 보유 시의 세금

부동산을 보유하면 재산세와 종합부동산세가 부과된다. 특히 법인이 보유한 부동산 중 주택에 대한 종합부동산세를 계산할 때는 개인과 달리 1인당 9억 원의 기본공제가 없으며, 부동산 가액 구간과 상관없이 단일세율인 2.7%(2주택 이하), 5%(3주택 이상)를 적용한다.

또 부동산임대소득에 대해서는 소득세 또는 법인세로 과세함은 물론이다. 그런데 출판사가 보유한 부동산 중 건물은 감가상각을 하여 비용처리하게 되는데, 감가상각은 세법상 규정된 내용연수와 방법(정액법·정률법)에 따라야 한다. 감가상각을 누락하면 해당연도의 세금이 불필요하게 늘어나고, 반대로 임의로 과다 계상하면 세무조사 시 손금불산입으로 과세될 수 있다. 또한 감가상각은 향후 부동산 양도 시 차익의 크기와 연동된다. 사업용으로 감가상각을 하면 장부가액이 감소하여 양도차익이 증가하므로, 향후 양도를 감안하여 감가상각의 세금 효과와 양도소득세 절세 효과를 미리 비교 검토하여 감가상각 방식을 선택하는 것이 좋다.

사택·기숙사 관련 유의사항

사택이나 기숙사를 출자자가 아니라 임직원에게 무상 또는 저렴하게 제공할 때, 임직원이 얻은 이익은 근로소득에 해당할 수 있다. 국세청은 제공받은 주택의 임대료 시가 상당액을 근로소득으로 간주하여 원천징수 의무를 부과할 수 있으므로, 임대료 수준과 제공 조건을 명확히 해두는 것이 바람직하다. 또한 사택과 기숙사의 유지·보수 비용, 관리비 등은 법인 비용으로 처리 가능하지만, 사적인 용도로 사용하면 비용을 부인당할 수 있다.

부동산 양도 시 세무 쟁점

부동산을 양도할 때 발생하는 양도소득에 대해서 개인출판사는 양도소득세, 법인출판사는 법인세(또는 토지등양도소득에 대한 추가 법인세)로 신고·납부해야 한다.

개인출판사가 보유하던 부동산을 양도할 때는 양도가액에서 취득가액, 자본적 지출, 양도비(중개수수료, 법무사 수수료, 인지세 등)를 합산한 금액을 필요경비로 공제할 수 있다. 반면 보유 중 비용화된 감가상각 누계액만큼 양도차익에 합산해야 한다는 점도 유의해야 한다. 취득가액을 정확히 알 수 없을 때도, 앞서 언급한 자본적 지출 내역과 양도비를 충분히 입증하면 경비 인정 범위를 넓힐 수 있다. 다만 계약 위약금이나 지체상금 등은 양도소득세의 필요경비에 포함되지 않는다.

법인이 보유하던 부동산을 처분할 때는 양도에 따른 법인세를 부담하는데, 사업용부동산을 양도할 때는 양도차익을 법인세로 과세하는 것으로 마무리되는 반면, 비사업용토지나 주택을 양도할 때는 토지등양도소득에 대한 법인세를 다음과 같이 추가 과세하므로 유의해야 한다.

구분	토지등양도소득에 대한 법인세	
	일반 토지 등	미등기 토지 등
주택(부수토지 포함) 및 별장	양도소득 × 20%	양도소득 × 40%
조합원입주권과 분양권	양도소득 × 20%	해당 없음
비사업용토지	양도소득 × 10%	양도소득 × 40%

부동산이 많은 소규모 성실법인(가족법인) 출판사의 세금

출판사와 부동산 임대업을 동시에 영위하는 법인 중 소규모 성실법인*에 해당하면 일반 법인세율(10~25%)이 아니라 20~25%의 높은 세율이 적용된다. 이는 부동산 임대업의 특성상 수익구조가 안정적이고 과세표준이 명확하다는 점에서 일반 제조·서비스업보다 높은 세율이 적용되는 것이다. 따라서 부동산 임대 소득이 더 많은 법인출판사는 높은 법인세율 구조를 사전에 숙지해 대책을 마련하는 것이 좋다.

정리하면 출판사 소유 부동산은 취득부터 양도까지 전 과정에서 세무상 변수가 많다. 법인의 경우 취득세 중과세 문제, 자본적 지출과 수익적 지출의 구분, 감가상각 적용 여부, 사택·기숙사 제공 시 근로소득 여부 판단 등은 세법을 적용하기 까다롭다. 이러한 사항을 간과하면 나중에 세무조사나 양도 시점에서 예상치 못한 세금을 추징당할 수 있으므로, 부동산 거래 시에는 사전에 세무전문가와 긴밀히 협의하여 처리하는 것이 안전하다.

---

* 다음 세 가지 요건에 모두 해당하는 법인. ① 부동산임대업을 주된 사업으로 하거나 이자·배당·부동산(권리) 임대소득금액 합계액이 매출액의 50% 이상일 것 ② 해당 사업연도의 상시 근로자 수가 5인 미만일 것 ③ 지배주주 및 특수관계인의 지분 합계가 전체의 50% 초과할 것.

　　　　　　　　　　　　　　출판 회계·세무 실전 가이드

2

법인출판사의 주식거래 관련 세금

특수관계자 간 주식거래

법인출판사는 주주나 경영자의 변동과 관계없이 지속되는 독립적인 실체다. 따라서 법인출판사의 양수도는 법인 자체의 거래가 아니라 법인은 유지하면서, 주식 양수도에 따른 경영진 교체 형태로 나타난다.

주식거래는 보통 유상 양수도 거래와 무상(상속 및 증여) 거래로 구분할 수 있다. 이때 중요한 것은 주식가격을 어떻게 산정하느냐다. 제3자와 주식을 유상으로 양수도 거래할 때 세법은 당사자 간의 실거래 가격을 그대로 인정한다. 하지만 특수관계자 간 주식거래는 양도든, 상속이나 증여든 공정시장가격으로 거래되지 않을 수 있다. 그래서 세법(상속세및증여세법)에서는 시장성 없는 주식(비상장주식) 가격에 대한 평가 규정이 있다. 상장된 주식은 시가가 있으므로 해당 가격으로 평가하지만 비상장주식은 시장가격이 형성되기 어렵기 때문이다. 곧 특수관계자 간 비상장주식거래가 세법이 정한 금액으로 거래되지 않으면 부당 행위로 보아 그 거래가격을 부인하고, 세법에서 정한 가격으로 양도차익 또는 상속·증여 주식가격을 재산정하여 세금 계산을 하는 것이다.

곧 법인의 주주가 자녀 또는 자사 임직원에게 주식을 양도하거나 증여할 때 특수관계자 간 거래에 해당한다. 이런 거래에 대해서는 미리 주식거래 가격의 세법상 적정성 검증을 위해 세무대리인과 상의한 뒤에 진행하는 것이 좋다.

불균등 배당 시 증여세 문제

법인은 잉여금이 발생하면 주주총회의 결의에 따라 배당을 한다. 상법상 이익배당은 주주 평등의 원칙에 따라 지분에 비례해야 하며, 차등배당은 불리한 배당을 받는 주주 전원의 동의하에서만 가능하다. 세법은 차등배당에 대해 법인의 최대주주 등이 배당을 받지 않거나 지분대비 과소배당을 받음으로써 특수관계자(자녀 등)가 지분대비 과대배당을 받을 경우 이를 증여로 본다. 그렇게 되면 과대배당을 받은 주주는 원칙적으로 배당소득에 대한 세금을 부담할 뿐 아니라 추가로 차액 해당분만큼 증여로 보아 증여세도 부담한다. 이때 증여재산은 초과배당금액에서 소득세 상당액을 공제한 금액으로 한다.

주식 명의신탁과 관련된 증여세 문제

법인 설립 시 또는 어떤 계기로 주식의 실제 소유자와 명의자가 달라질 때가 있다. 이를 주식 명의신탁이라 한다. 이처럼 주식 명의자와 실소유자가 다르면 그 명의자로 주식명의개서를 한 날 실제소유자가 명의자에게 증여한 것으로 보아 증여세를 추징하므로 유의해야 한다.

법인의 정기주주총회를 앞두고 작성하는 주주명부에서 명의자가 실소유자와 다르면 문제가 된다.(주주명부가 없으면 법인세 신고 시의 주식 변동상황명세서로 판단한다.) 이때 증여가액은 소유권 이전이 일어난 날을 기준으로 평가한 가격을 말한다. 조세 회피 목적이 없거나 다른 법률에서 허용한 경우는 증여로 보지 않는다. 다만 세법은 일단 타인의 명의로 재산을 등기하거나 실제 소유자 명의로 명의개서를 하지 않으면 조세 회피 목적이 있는 것으로 추정한다.

또한 다음과 같은 경우는 실제 소유자 명의로 명의를 바꾸지 않더라도 증여 또는 상속으로 보지 않는다.

① 매매로 소유권을 취득하고서도 명의개서를 안 했는데, 종전 소유자가 양도소득세 신고 및 증권거래세 신고 등을 통해 소유권 변경 내용을 신고하는 경우

② 상속으로 소유권을 취득한 상속인이 상속세 신고와 함께 해당 재산을 상속세 과세가액에 포함하여 신고 또는 수정신고, 기한 후 신고 등을 행한 경우. 다만 상속세 과세표준과 세액을 결정 또는 경정할 것을 미리 알고 수정신고하거나 기한 후 신고를 하는 경우는 제외한다.

출판사의 증여·상속 시의 세금

출판사 대표가 고령이나 질병, 사망 등으로 배우자나 자녀 등에게 출판사를 증여하거나 상속하는 방식으로 물려주는 경우가 적지 않다. 세법상 사업체의 증여 또는 상속에 대해 몇 가지 중요한 규정이 있다. 우선 증여와 상속의 개념과 사업체 형태에 따른 상속·증여 방식의 차이와 함께 가업상속이나 가업증여에 대한 세제혜택을 정리해본다.

증여와 상속의 이해

증여란 자기 소유 재산을 타인에게 무상으로 이전하는 행위를 말한다. 개인사업자는 사업용 자산(출판 관련 재고, 저작권, 영업권, 건물·기계 등)을, 법인사업자는 주주가 주식(지분) 또는 법인의 자산을 무상으로 타인에게 이전하면 증여 행위가 된다.

반면 상속은 개인이 사망함에 따라 그 권리·의무를 법정상속인에게 포괄적으로 승계하는 것을 말하는데, 개인사업자는 사업용 자산과 채무가 그대로 상속인에게 승계되는 반면, 법인사업자는 대표자나 주주가 사망해도 법인의 실체는 그대로 있고, 그들이 소유한 지분이 상속인에게 승계된다는 차이가 있다.

구분	증여	상속
발생 시점	생전 아무 때나 증여하는 때	사망 시
이전 범위	증여 계약서에 명시된 특정 자산 또는 지분	권리·의무 전부(포괄승계)
과세구조	수증자(증여받는 사람)가 세금부담 증여세과세표준 = 시가평가액 - 공제	상속인 전체가 연대하여 세금부담 상속세과세표준 = 상속재산* - 채무 - 공제
세율구조	과세표준 / 세율 1억 원 이하 / 10% 5억 원 이하 / 20% 10억 원 이하 / 30% 30억 원 이하 / 40% 30억 원 초과 / 50%	과세표준 / 세율 1억 원 이하 / 10% 5억 원 이하 / 20% 10억 원 이하 / 30% 30억 원 이하 / 40% 30억 원 초과 / 50%
평가 기준일 및 평가금액	증여일 현재의 시가	상속개시일(사망일) 현재의 시가
채무승계 여부	원칙적으로 없음 (다만 부담부 증여 시 채무승계한 부분에 대해 양도세 과세대상)	원칙적으로 채무 포함 승계 (법인은 지분을 승계)
세제특례	가업증여제도	가업승계에 따른 가업상속공제

* 상속개시일 전 10년 이내(비상속인은 5년) 상속인이 증여받은 재산도 상속재산에 합산된다.

그런데 출판사는 가업家業에 해당하는 업종이므로 가업증여 후 10년이 지나 다시 가업상속공제를 받은 경우 합산되지 않으므로 이를 병행하면 세부담을 최소화할 수 있다.

가업상속 공제제도

가업상속 공제제도란 출판사 대표가 10년 이상 영위한 출판사를 자녀 등에게 상속승계할 때 최소 300억 원에서 최대 600억 원까지 상속공제를 하여 가업승계에 따른 상속세 부담을 크게 경감해주는 제도를 말한다.

다만 가업상속 공제를 받으려면 다음 요건을 모두 충족해야 한다.

요건	기준	상세 내역
가업	계속 경영 기업	피상속인이 10년 이상 계속하여 경영한 기업
	중소기업	상속개시일(사망일)이 속하는 해당연도 말 현재 자산총액 5000억 원 미만의 중소기업일 것
	중견기업	상속개시일(사망일)이 속하는 해당연도 말 현재 3년 매출액 평균금액이 5000억 원 미만의 중견기업일 것
피상속인	주식 보유 기준	피상속인을 포함한 최대주주 등이 지분의 40%(상장법인은 20%) 이상을 10년 이상 계속해 보유할 것
	대표이사 재직요건 (3가지 중 1가지 충족)	① 가업 영위기간의 50% 이상 재직할 것
		② 10년 이상의 기간(상속인이 피상속인의 대표이사 등의 직을 승계하여 승계한 날부터 상속개시일까지 계속 재직한 경우)
		③ 상속개시일부터 소급하여 10년 중 5년 이상의 기간 재직할 것
상속인	연령	18세 이상
	가업 종사	상속개시일 전 2년 이상 가업에 종사 〈예외 규정〉 • 피상속인이 65세 이전에 사망 • 피상속인이 천재지변 및 인재 등으로 사망 단 상속개시일 2년 전부터 가업에 종사한 경우로서 병역·질병 등의 사유로 가업에 종사하지 못한 기간은 가업에 종사한 기간으로 봄

출판 회계·세무 실전 가이드

상속인	취임 기준	신고기한까지 임원취임 및 신고기한부터 2년 이내 대표이사 취임
	납부 능력	가업이 중견기업에 해당하는 경우, 가업상속재산 외에 상속재산의 가액이 해당 상속인이 상속세로 납부할 금액의 2배를 초과하지 않을 것
	배우자	상속인의 배우자가 요건 충족 시 상속인이 요건을 충족한 것으로 봄

이렇게 가업상속 공제를 적용받고 난 뒤 나중에 상속세를 추징당하지 않으려면 다음 사항을 지켜야 한다.

첫째, 가업상속인이 5년 이내에 정당한 사유 없이 가업을 그만두어서는 안 된다.

둘째, 상속인의 지분이 감소하면 안 된다.

셋째, 상속받은 가업용 자산의 40% 이상을 처분하면 안 된다.

넷째, 1년 이상 해당 가업을 휴업하거나 폐업해서는 안 되며, 주된 업종을 변경하지 않아야 한다.

다섯째, 상속 이후 5년간 정규직 고용인원 수 평균 또는 총급여액 평균이 개시한 연도(또는 직전 2년 평균)의 90%에 미달해서는 안 된다.

가업승계 증여공제제도

가업승계 증여공제제도는 고령이나 질병 등으로 법인출판사 대표가 생전에 자녀에게 가업을 계획적으로 넘겨 경영할 수 있도록 지원하는 제도로, 가업주식을 증여할 때 가업자산 상당액에 해당하는 주식 등 가액에 대한 증여세 과세가액(사업영위기간별로 300억 원~600억 원을 한도로 한다)에서 10억 원을 공제하고 세율을 100분의 10(과세표준이 120억 원을 초과하는 경우 그 초과금액에 대해서는 100분의 20)으로 하여 증여세를 부과하고, 사후 증여자가 사망하면 가업주식 등을 상속세 과세가액에 가산하여 정산하는 제도다. 물론 이때 가업상속 공제 적용 여부를 다시 판단하여 가업상속 공제를 신청할 수 있다.(단 개인사업자 출판사는 해당되지 않는다.)

가업승계 증여공제제도는 다음 요건을 모두 충족해야 한다.

요건	기준	상세 내역
가업	계속 경영 기업	증여자가 10년 이상 계속하여 경영한 출판사일 것
	중소기업	증여일이 속하는 전후 사업연도 말 현재 자산총액 5000억 원 미만의 중소기업일 것
	중견기업	증여일이 속하는 소득세 과세기간 또는 법인세 사업연도의 직전 과세기간 또는 사업연도 말 현재 출판사를 경영하고, 직전 3년 매출액 평균금액이 5000억 원 미만의 중견기업일 것
수증자	연령	18세 이상 거주자인 자녀가 증여받을 것
	가업 종사	신고기한까지 가업에 종사하고, 증여일로부터 3년 이내 대표이사에 취임할 것
증여자	연령	60세 이상인 수증자의 부모가 증여할 것
	주식 보유 기준	증여자를 포함한 최대주주 등의 지분이 40%(상장법인은 20%) 이상이고, 10년 이상 계속하여 보유할 것
증여 물건	주식	가업법인의 주식 또는 출자지분을 증여할 것

가업승계 증여공제를 적용받은 후 이를 추징당하지 않으려면 다음 사항을 지켜야 한다.

첫째, 수증자가 증여세 과세표준 신고기한(증여일이 속한 달 말일로부터 3개월 이내)까지 가업에 종사하고, 둘째 증여일부터 3년 이내에 대표이사로 취임하고 5년까지 대표이사를 유지해야 하고, 셋째 1년 이상 해당 가업을 휴업하거나 폐업하지 않고, 넷째 주된 업종을 변경하지 않아야 한다.

4

출판사에 대한 세무조사 대비

출판사를 운영하면서 세무조사를 당하는 경우는 많지 않으나 종종 발생한다. 보통은 출판사의 세무신고 내용 중 문제가 있을 때 또는 국세청 본청의 세무 자료 데이터분석을 통해 특정 거래 또는 계정에 대한 기획 감사를 할 때, 관할 세무서 또는 국세청에서 출판사에 직접 방문해 세무조사를 하거나 특정 이슈에 대한 자료 등 소명을 요청하는 방식으로 이뤄진다. 이때 세무조사 결과에 따라 또는 세무서가 요구하는 것이 소명되지 않으면 그에 대해 세금을 추징한다.

국세청의 세무조사는 대기업 또는 세금 탈루 위험이 높은 업종 위주로 진행하지만, 그렇지 않은 경우에도 이미 신고한 자료와 과거 조사 사례, 빅데이터 분석을 활용해 사업자를 선별하여 세무조사를 진행할 수 있다는 점에 유의해야 한다.

세무조사의 종류와 대상자 선정 시스템

세무조사는 정기 조사와 비정기 조사로 구분된다. 정기 세무조사는 업종·규모·지역별 기준에 따라 매년 일정 비율의 업체를 선정하여 진행하고, 비정기 세무조사는 세금 탈루 혐의, FIU(금융정보분석원) 혐의 자료 등 구체적 사유가 발생할 때 진행한다.

출판사는 특성상 인세 지급, 원고료, 외주제작비, 연구·인력개발비(디자인 비용) 세액공제 등에서 신고·증빙이 불명확하면 조사대상으로 선정될 가능성이 있다.

보통 국세청에서 세무조사 대상자를 선정할 때 이용하는 시스템은 두 가지다. 첫째는 PCI(소득·지출·재산 분석 시스템)로 신고소득과 재산 증가, 소비 지출의 불일치 여부를 분석하고, 매출 축소, 비용 과다계상, 사적 지출을 비용처리한 경우 등에 의해 조사대상자로 선정될 수 있다. 둘째는 FIU(금융정보분석원) 고액현금 거래보고인데, 하루 1000만 원 이상 현금 입출금은 FIU에 보고되고, 국세청 세무조사 자료로 활용된다. 출판사 대표의 현금 사용 내역이 사업 목적과 불일치하면 조사 가능성이 높아진다고 보면 된다.

출판사의 세무조사 위험 대비

세무조사 대비의 핵심은 당연히 수입(매출)과 경비(지출) 양쪽에서 투명성을 확보하고 세액공제 적용의 합법성을 확보하는 것이다.

수입(매출) 면에서 문제가 되는 것은 현금매출이나 직거래, 온라인 판매 등 증빙 없이 발생하는 수입을 누락 없이 자진 신고하는 것, 특히 부가가치세 신고 매출과 법인세·소득세 신고 매출이 일치하도록 유의하는 일이다. 그리고 서점·총판·온라인몰 등 매출처와의 정산 자료와 회계장부 일치 여부를 정기적으로 확인하는 것도 중요하다.

경비(지출) 면에서는 외주 편집·교정·디자인비나 인세·원고료 지급 시 계약 내용에 따른 원천세 신고 및 세금계산서 수수, 지급명세서 제출 등 절차와 증빙을 잘 갖추는 것이 중요하다. 특히 사업용 지출이 아니라 가사용 경비(여행·가족 경비 등)를 사업용 비용으로 계상하면 문제가 될 수 있다. 사업상의 제작비, 마케팅비, 출장비 등과 가사용 경비가 섞이지 않도록 유의해야 한다. 외국 저작권 수출·수입 관련하여 원천세 신고나 부가가치세 신고가 적정하게 이뤄지는 것도 검토해야 한다.

또한 특수관계자 간 거래 시에 주의해야 하는데, 가지급금이나 가수금 관련하여 고액현금의 입출금은 거래 목적·증빙을 사전에 확보하여 적정거래임을 증빙할 수 있어야 한다.

증빙 서류는 세법상 적격증빙은 물론, 그렇지 않은 증빙도 제대로 구비하여 언제든 지출 관련해 소명할 수 있도록 5년 이상 보관하는 체계를 갖추어야 한다. 또 거래 상대방의 사업자등록 여부, 세금계산서 진위 확인도 필수다.

한편 대표자 개인의 재산 증가가 회사 수익과 비교하여 크면 조사 위험이 증가한다는 점도 명심해두어야 한다. 매출을 누락하고 빼돌린 재산 증가로 보거나 증여를 의심할 수 있기 때문이다. 법인 자금을 대표나 주주가 가져갈 때는 상여나 배당 등 정당한 법적 절차를 거쳐야 함은 물론이다.

세액공제와 세액감면은 기획 세무조사 대상이 되는데, 공제나 감면 요건을 충족했는지 여부가 핵심이다. 출판사가 연구·인력개발비(디자인 비용) 세액공제, 고용증대 세액공제, 지방 이전 세액감면 등을 받았다면 가능한 요건을 엄격하게 갖추어야 한다.

세무조사 대응 및 권리 주장

출판사가 세무조사를 받을 때는 다음 사항을 유의해야 한다.

우선 세무조사 통지를 받으면 과거 5년간 신고·증빙을 점검하여, 신고누락에 대해서는 수정신고를 검토하는 것이 좋다. 이때 국세청에서 제공하는 맞춤형 신고 안내자료를 참고하여 세무조사 쟁점이 될 만한 사항의 누락 여부 점검용으로 적극 활용하거나 세무대리인의 사전 점검도 필요하다.

세무조사 수감을 할 때는 실질 자료를 바탕으로 하고, 세무조사관들과의 신뢰를 바탕으로 세법적 근거 등에 따라 세금 추징을 최소화하도록 한다.

만약 세무조사가 진행될 때 세무조사 나온 공무원이 위법 및 부당행위를 한다면 관할 세무서나 지방국세청의 납세자보호담당관에 권리보호를 요청할 수 있고, 필요 시 조사팀 교체를 요구할 수도 있다.

출판인을 위한
‘회계 문해력’과 ‘절세 전략’

출판은 이야기를 만들어내는 산업이다. 누군가의 생각, 상상, 경험, 기록이 텍스트로 엮여 책이라는 형태를 갖추고, 그것이 다시 독자에게로 전해진다. 그 과정에 기획이 있고, 편집과 디자인이 있으며, 인쇄와 유통, 판매와 정산이 있다. 그리고 그 모든 과정은 숫자로 남는다. 회계와 세무는 그 숫자들을 모아 하나의 서사구조로 정리해준다. 책을 만드는 모든 판단과 선택의 흔적이 회계장부와 세무신고서에 담겨 있는 것이다.

회계와 세무는 문학과 닮았다. 기호와 규칙이 존재하지만, 해석을 해야 하고 문맥이 있다. 지나치게 기술적이거나 숫자 중심으로 접근하면 오히려 본질을 놓치기 쉽다. 하지만 출판의 흐름 안에서 숫자를 바라볼 때, 회계와 세무는 훨씬 더 명확하고 유용한 정보가 된다.

이 책은 그런 점에서 출판인을 위한 ‘회계 문해력’과 ‘절세 전략’의 출발점이 되기를 바랐다. 모든 회계 지식과 세무 전략이 완벽히 머리에 들어오지 않더라도 ‘아, 이런 흐름이구나’, ‘이런 위험은 피해야겠

구나', '이건 세금에 영향을 줄 수 있겠구나'라는 감각과 기준을 세울 수 있다면 그것만으로 충분하다.

마지막으로 출판사 세무 전략을 간단히 정리해둔다.

절세란 '탈세'가 아니다

출판사 경영자 입장에서는 절세, 곧 세금이 줄어들면 그만큼 현금 흐름에 여유가 생기고, 운영 경비나 재투자에도 도움이 된다. 이때 절세節稅는 '세법의 테두리 안에서 세금을 줄이는 행위'이며 '불법적인 세금 회피'인 탈세가 아니다. 그런데 탈세가 아니라 절세를 위해서는 세법에 대한 전문지식이 필요하고, 세무 당국의 신뢰를 해치지 않는 방식으로 이뤄져야 한다. 가능하면 1년에 한 번 이상 소득세나 법인세 신고 후 세무대리인과 소통하면서 회계나 세무신고에 대한 설명과 함께 상황을 이해해두는 것이 좋다.

출판사 절세 전략 5가지

전략 1: 사업상 매출이나 지출이 발생할 때는 장부에 반영하고, 해당 적격
    증빙을 빠짐없이 갖춘다

세무상 적격증빙은 세금계산서, 계산서, 카드전표, 현금영수증, 간이영수증, 원천세 신고, 지급조서 제출 등이다. 거래 시마다 그에 맞는 적격증빙을 수수하는 것이 절세에 필수적이다.

매출이나 지출 시 증빙을 갖추지 않으면 가산세를 물거나 세무상

   출판 회계·세무 실전 가이드

비용으로 인정받지 못할 수 있기 때문이다. 특히 장부에 누락하기 쉬운 현금매출에 유의하고, 비용 면에서 기획비나 원고료(외국 인세 등), 교정비, 디자인비, 북페어 참가비 등도 적격증빙을 갖추어 신고해두어야 한다.

비용 항목	적격증빙	유의사항
저작권료(국내외 인세), 근로 기타 용역비	원천징수신고 및 부가가치세 대리납부, 지급명세서	계약서, 소득자 주민등록번호, 이체내역, 원천세 신고 등 필수
종이비, 인쇄비, 제본비, 업무추진비(접대비), 광고선전비	세금계산서(계산서), 카드전표, 현금영수증	업체명과 공급자 사업자등록번호 일치 확인
복리후생비	카드전표, 현금영수증, 계좌이체, 원천세 신고	복리후생비 성격 명시

전략 2: 면세와 과세 거래를 구분 경리한다

출판업은 종이책 또는 요건을 갖춘 전자책 판매에 대해 부가가치세를 면제하지만 굿즈 판매나 편집·제작서비스 제공은 부가가치세가 과세된다. 면세거래와 과세거래를 명확히 구분하여 경리해두지 않으면 부가가치세 신고가 잘못되어 매입세액공제를 과대 또는 과소하게 하는 등 오류를 범할 수 있다. 면세와 과세를 겸할 때는 사업자등록을 겸업사업자(일반과세사업자)로 낸 후 과세거래와 면세거래를 구분 기장하여 부가가치세 신고 시 실수하지 않도록 유의해야 한다.

전략 3: 대표자 또는 특수관계자와의 자금거래는 세법에 맞게 집행한다

대표자의 가사용 경비를 회사 비용으로 지출하거나, 업무추진비를 현금으로 지출하면 세무적 위험이 커진다. 대표자의 비용이 사업용 경비가 되려면 다음 기준이 충족되어야 한다.

항목	필요 요건
업무 관련성 입증	계약서, 이메일, 내부회의록 등
금액의 적정성	동종업계 시세와 유사할 것
대표와 회사 간 구분 계좌 사용	통장, 카드 분리 사용이 바람직

이와 같은 증빙을 갖추더라도 대표의 개인카드로 지출한 후 환급받으면, 지출내역과 증빙 정리가 선행되어야 비용을 인정받는다.

법인출판사는 특히 특수관계자 간 자금거래에 여러 가지 벌칙이 따르므로 가능하면 하지 말고, 하더라도 적정한 자금거래약정서 등 세법상 요건에 따라 집행하고 정산해야 한다.

전략 4: 법인 전환 시점을 사전에 전략적으로 고려한다

개인사업자에서 일정 매출 이상이 되면 법인 전환을 고려할 수 있다. 일반적으로는 매출이 커지거나 과세표준이 1억 원이 넘어가면 세금 부담 면에서 법인 쪽이 유리해지기 시작하므로 미리 법인 전환을 고려하고 세무대리인과 상의하는 것이 좋다.

구분	개인사업자	법인사업자
세율구조	종합소득세(6~45%)	법인세(10~25%) + 배당소득세 + 대표자 근로소득세
자금 유출	자유롭게 인출 가능	대표 급여나 배당 형태로만 가능
절세 전략	비용 확대, 간이과세 유리	이익 유보, 세액공제 등 가능

※ 단 법인은 회계·세무 비용이 증가하고, 운영의 투명성이 더 중시된다.

전략 5: 세무조사에 대비하여 장부를 체계적으로 구비한다

출판업은 면세사업자이기에 지업사나 인쇄소, 제본소 등 주된 매입

거래처와 거래할 때 매입부가가치세를 공제받지 못하므로 부가가치세를 아끼려고 세금계산서 수수 없이 현금거래를 하려는 유혹이 생긴다. 하지만 증빙 없는 현금 지출은 세무상 비용으로 인정받기 어렵고, 가산세 부담이 생긴다. 그리고 거래는 상대방이 있기에 출판사의 세무상 문제(세법상 비용 부인)는 거래 상대방의 매출누락 등의 세무 문제와 결합되어 있어서 문제가 커질 수 있다. 따라서 소탐대실하는 상황이 벌어지지 않도록 거래를 할 때는 세무상 적격증빙을 수수하는 계약에 따른 투명한 거래를 하도록 유의한다. 특히 출판사의 규모가 커지면 항상 세무조사 관점에서 회사 장부를 객관적으로 점검하여 적정한 장부 체계를 갖추도록 평상시에 노력해야 한다.

국세청은 단순히 '탈세 여부'가 아니라, 사업의 투명성과 일관성을 본다. 국세청이라는 조직은 시스템으로 세무조사 대상을 선별할 뿐 세무조사는 사람이 행하기 때문이다. 사람은 상대방의 태도를 통해 자신의 생각과 행동을 조율하게 된다. 사업의 투명성과 일관성은 조사 담당자에게 신뢰를 주는 중요한 신호다. 설사 일부 자료가 누락되었더라도 그것을 실수로 볼지 고의로 볼지 결정하는 기준이 될 수 있다.

절세의 원칙은 단순하다. 증빙은 무조건 남기고 회계처리는 일관되게 하고 계약과 거래가 일치하도록 하는 것이다. 그렇게 쌓인 데이터가 세무조사에 대한 대응력이고, 은행에 대한 신용이며, 출판사의 신뢰 자산이 된다.

장부 작성의 기본 원리부터 제작·유통·인세처리와 절세 전략까지
출판 회계·세무 실전 가이드

초판 1쇄 발행일 2026년 3월 25일

지은이 유종오
발행인 홍영완
편집인 유정연
책임편집 민혜영
편집 이효선
디자인 이상재

발행처 한국출판인회의
등록 2005년 5월 4일 제2005-000094호
주소 서울시 마포구 동교로22길 44(서교동)
전화 02-3142-5808
팩스 02-3142-2322
홈페이지 www.sbin.or.kr
이메일 sbi@sbin.or.kr

ⓒ 유종오, 2026
ISBN 978-89-91691-40-7 03010